# 黄永砯

## 当代艺术与本土文化

吴美纯　编

福建美术出版社

# 前 言

## 文化资源与语言转换

范迪安

这套题为《当代艺术与本土文化》的丛书，选的是黄永砯、蔡国强、许江、邱志杰四位艺术家，四人都是闽籍。

近几年，在谈论当代艺术的时候，画坛的同仁经常提到闽籍艺术家十分活跃的现象，甚至说到有一个当代艺术的“闽派”。画坛的谈论虽属民间的评头论足，但这四位艺术家在当代艺术中的活跃态势却的确引人注目。黄永砯90年代初从厦门去了巴黎之后，在欧洲画坛和各类国际性大型及重要展览中几乎是一位不可缺席的人物，一位引人注目的中国艺术家。1999年他作为法国“国家队”的代表参加威尼斯双年展，其作品以其强烈的意喻性和寓言感引动了普遍的惊叹；2000年他回国参加上海双年展时，也有不俗表现；延至今年的2002第25届圣保罗双年展，他和他的夫人沈远又是受到特别邀请的唯一一对中国艺术家。同样，蔡国强从泉州到日本，又到了美国，这些年的艺术活动在太平洋两岸尤为频繁。原先国内对他的情况了解并不充分，但随着他在2000上海双年展上露面，他的名字受到普遍的注意；2001年的APEC在上海举办之际，他成功地设计了黄浦江岸的大型焰火表演《今宵如此美丽》，将个人独创的艺术语言演绎成辉煌的公共文化景观；接下来便是今年开春在上海美术馆举办的个展以及在北京中央美术学院美术馆举办的《蔡国强收藏马克西莫夫作品展》，这些活动使他与国内艺术界特别是年轻的艺术家们一下子亲近了起来。许江自1989年从德国留学归来，便以令人惊讶的勤奋连续出示新作，除了国内各类学术展览之外，他先是参加了第24届圣保罗国家馆双年展，接着又到柏林办了个展。他的影响实际还不在于自己的绘画，他多年来以艺术学人的身份参加学术讨论，组织活动，例如担任中国油画学会各种展览的评委，2001年他到新加坡参加与今年卡塞尔文献大展总策划奥克维的对话，今年又担任2002上海双年展的艺委会主任，都使他成为当代艺术论坛上不可或缺的发言者。他执掌中国美术学院以来的努力，则进一步使他经常成为艺术界谈论的焦点人物。在四位之中，邱志杰属于年轻的一辈，但自上世纪90年代中期闯入北京，他的身影就出没在各类实验性艺术活动之中，成了国内“职业艺术家”行列中名符其实的一位。威尼斯和圣保罗双年展都有他的记录，而他自己忽而绘画、忽而装置、忽而录相，忽而编辑、忽而策划的多种作为，更使他成为当代艺术家角色变幻、能力多样且屡屡以观念制胜的一个代表。

如此等等，都使编辑出版他们的个人画集有了充分的理由。中国艺术的“当代”历程是短暂的，他们的艺术就是坚持持续探索、直逼“当代”的结果，并且有了可观的积累，应该有一次“中场”的结集和集中的传布。从实际情况看，他们虽被广泛谈论，但人们对他们艺术迷宫般的结构和环环相扣的逻辑发展了解并不充分。在这个意义上，这套丛书的出版是恰逢其时的。他们的画集在海外海内已有多种版本，然而，这次由家乡的美术出版社结集付梓，意义则不相同。在我看来，这并非简单地要形成当代画坛“闽派”的架势，而是期盼通过对他们艺术的认识，有可能从地缘文化的角度去看当代艺术家的思想形成、文化结构和语言方式，并从中整理出当代艺术某方面的基本命题或共同话语。

同样作为福建人，我与这几位“乡贤”有着密切的学术联系。无论是隔海相望作学术上的神交——例如与黄永砯和蔡国强，还是时常见面作推心之谈——例如与许江和邱志杰，我们总在中国当代艺术的整体走向和中国艺术在国际艺术格局中的位置这两方面有谈不完的话题。而每当这些话题谈得思绪枯竭之时，就自然转向了同乡间的叙旧，叙的是八闽家园和福建文化渊源给予我们的厚泽。对于福建这块滋养了我们的大地，我们总是怀以感激的。且不说它的山海之仪钟灵毓秀，自古孕育了众多风神俊逸之才。我们——包括与许多闽籍学者和艺术同仁——经常谈论的是福建自近代以来在中国革命史、思想史和文化史上的意义。象严复“开眼看世界”的那种抱负和清醒理性，会自然而然地成为我们的思想楷模；福建沿海面向东南，历史上广纳海外文明而成的多种文化融合氛境，也无形中滋养了我们一种能够较为宽阔地吸收各方文化营养的胸境；当然，福建山海之间变幻多姿的自然气象，最能给以从事艺术的我们经常无端生发许多在艺术与现实之间悲智双运的遐想。依我旁观他们几位，在他们的艺术生活中，福建的人文历史及地理气候都在潜移默化地起着“根性”的作用，砥砺了他们的人文性情和学术品格。于此，可以说，当代艺术中“闽派”的提法，若视为一种地域概念，则不免显得狭隘，若视为一种文化概念，则有可能在内涵上从具体、局部的“乡土”扩展为宏观、整体的“本土”。这方面，我们自己往往可能还因为身在此山而不能完全自明。

由福建而中国，本土文化的价值是需要谈论的。中国当代艺术已经到了不能再一味追随西方、以西方文化的价值观念和语言形态为楷模的重要关口，这是我们的画坛经过许多反复才开始共同意识到的。改革开放以来的中国艺术多维嬗变、多样并生的发展势头，固然形成了活跃和丰富的景观，但从整个国际艺术的格局角度看待自身，我们仍然面临西方文化强势的挑战，仍然面临被西方中心主义的艺术观念、展览策划观念、读解方式牵着走的危险。这是因为中国当代艺术在建立“当代性”的起步和生长阶段，主要的影响力量来自于西方现代以来的艺术。从表面现象看，西方从现代到当代的艺术一路演变过来，尽管皆标榜对传统的背离与反叛，但它究竟是在自身的文化轨道上行走，与其深厚的从古典到近代的艺术传统仍有着逻辑的关联。上至古希腊哲人关于人类自我认识的文化指令，下延近代理性主义与自然科学的最新成果，看上去是各种新观念反对的对象，实际上却是其得以滋长的土壤。相形之下，我们的新艺术却显出与自身传统过于严重的断裂。在个体的艺术家那里，则显出文化储存的匮乏，由此导致许多“创造”在相当程度上只是对彼邦名家蓝本的仿写，或在精神方式与情感方式上陷入西方艺术话语权势的陷阱。在这种情势下，重视本土文化的价值，在弘通西方艺术精要的基础上复归本宗，开创当代“中国艺术”具有中国特色的整体态势，便不能不是一种重要。《当代艺术与本土文化》这一丛书的编辑目的，就是想通过展示与分析几位艺术家的实践方式，提示本土文化对于当代艺术创造的在根本上的价值与作用。

空泛地谈论艺术中的“本土文化”不免显得虚玄。艺术家都是生动的个体，从个人的立场、经历、经验、体验出发，是中国当代艺术衍生出多种个例的基本动力。但是，在这个动力的后面，我们仍然可以看到艺术家智性和能量赖以生发的源泉或土壤，那就是生长于斯的本土文化。现在已经有不少学者注意到本土文化与当代艺术这个命题，我想说的是可以从三个层面来看待这对关系。

第一，本土文化的价值表现为它们是当代艺术的思想资源。换句话说，只有成为艺术家思想方法的资源，本土文化的魅力才会“显现”。近20年来中国画坛也不间断地谈论本土文化，但着力点主要在于已经“图式化”了的“传统”。许多艺术家采取的方法只是对传统的直线延伸，即从传统的具体风格、具体样式、具体技法中找一点感觉，用以补充自己的丹青笔墨。这样的方式固然也在某种程度上发现和发展了传统，但无法构筑起自己艺术的坚实基土。而另一种对传统的态度是从观念角度去联接，把本土文化的思维方式特别是东方人感知世界的方式加以澄明，为我所用，在思想观念上遥接先哲的智慧。现在看来，后者是更为重要和根本的，这是当代艺术与本土文化的真正关联。在极为丰富的传统视觉造型样式后面，有种种思想和思维方式的原点，那才是传统的源头活水。

第二，本土文化作为今日艺术创造的资源，还需要作语言上的转换。思想之光虽然拂蔽去尘，照亮了传统中沉寂的珍宝，但想使得这些资源成为当代艺术的可视图像，需要付出艰辛的语言转换工作。艺术家的智性和能力在这个层面上才真正算是经受考量。实际上，我们看到艺术家——譬如说闽籍四人作品中——确切地说是每次创造中闪现的那些精采灵感和出奇手笔，都有一种叹为观止而又似曾相识的感觉。所谓叹为观止，是因为他们的文化观念与传统智慧冥契无隙，在两相碰撞时激起异常的火花。所谓似曾相识，是因为可以看到他们营制作品图像、造型、型态的"术"与"法"，都有从本土文化资源中可循可得的"道"与"理"。现代西方学术的一个重要标志是"语言学"的转换，那主要是发生在西方学术内部，其中一小部分学者也从东方学术中获得启益。我们自己拥有如此浩大的经典库藏，既不应静锁深山，也不应拿来便用，而应该提纯采炼，使其焕发别一种光亮。只有通过语言的转换，这份资源才能获得今天的生命。

第三，本土文化资源的运用和转换之术的实施需要贴近文化"现场"。这是因为当代艺术的"当代性"意义，乃在于作用当代社会。只有构筑与当代社会心理和文化空间对应的"现场"，艺术作品的价值才会随着观众的多维解读得以发生。不少人在取用本土文化资源时只注意其符号躯壳，为的只是找到某种样式，形成自己的"风格"，其结果是作品只徒有本土的标签，没有直逼当代文化问题的锋芒。只有在思考当代文化问题的基础上，根据不同的展览主题、时空条件和文化背景，营造触及当下文化问题的"现场"，本土文化资源才会产生特殊的力量。在今天如此动态的文化版图中，把握此"时"此"地"而制造"玄机"也即形成文化针对性，恐是出奇制胜的"家法"。

实际上，在一个有经验的艺术家那里，这三个层面是层层相因的。中国传统艺术十分看重创造效果的"通感"，通过由此及彼，形成感觉的张力。这就要求艺术家在创造过程中把诸种因素融会贯通，辩证取舍，使本土文化成为智慧与能力的化身，达到对传统的真正继承。

现在看来，黄永砯1985年的《非表达绘画》在当代艺术方法论上无疑是一次重要的中国建树。他放弃常规支配画笔的表现方法，改用转盘决定绘画的程序和图绘的方式，以期彻底放弃艺术家的经验主体，看上去是西方"达达主义"的中国版本，但在观念上却与禅宗的"坐忘"、"棒喝"等中国传统相接。推崇意识的偶发性、行为的自动性，对已有经验取否定和怀疑的态度，本不是西方近代思想和现代作为的专利。在中国自身的传统中，怀疑与省悟一向是文化演进尤其是艺术创造的方式之一。当然，他不能停留在"非"一切的否定与怀疑这个观念层面上，而要从这个观念出发，找到可操作的方法。说的具体一点，对于像黄永砯这样怀疑经验又耽于幻想的艺术家，传统的术数文化似乎有非同寻常的魅力。河图洛书、易之八卦、象数之变，皆深不可测，但却激励着他去与之神秘交会，从中找到斜出正着的奇招。他后来到欧洲去闯荡天下，大概就靠从术数文化中勾沉出来的两种锦囊妙计，把西方艺坛搞得目瞪口呆。其一是像转盘、罗盘、天平等推演测数之仪。他用这些非精神的东西决定精神，由它们偶得的数字决定下一步走向，营造起一个由数字支配的视觉景观。在西方观众的眼中，这些深蕴着诡秘色彩的数字暗喻着命运的劫数，有着神秘的魅彩。每一个人对它们的解读，也就是对周围世界和现实所在的解读。在这里，艺术家只提供选择而不提供答案，只提供可能而不提供肯定，可谓应合了当代文化接受的"多解性"特征。其二是取自中国上古神话、传说如《淮南子》、《山海经》等典籍中描绘的"类动物"。这些物象的造型多为复合造型，或半人半兽、或多兽同体，结构奇异。它们存在于巫术弥漫的史前蒙昧时代，但也流行于人类智性萌生以后仍对自然外力恐惧的岁月，是意识世界将信将疑的伴生之物。黄永砯将它们称为"动物党"，取用有"术"，以雕塑、装置、空间构造等手法，把这类造型用得滚瓜烂熟。这无疑抓住了西方社会心理对未知世界的恐惧和对未来世界的疑虑。来自东方的预言式图像所立之处，让人感到祸福对应，平添几分心理敬畏。作为诡秘学的术数既包括了先天之秘的天数，也包括了后天之秘的人数，既包括了可以视观的形象，又包括了不可以确定的隐喻，是一块很能够用形象转换的资源。黄永砯深知其中功妙，在具体的应用中既实施了微观上的造型效果，将形象搞得奇伟瑰怪，又营造了与不同展览场地、不同展览空间的大气情韵。从这样的思路和方法破阵而去，他便从容不迫，屡屡得胜。

蔡国强上世纪80年代中期在泉州试着用火药"作"画，出发点大概只是颇见单纯地想用"火墨"与"水墨"抗衡，反传统之道而行之。一旦火药在宣纸上炸出了水墨肌理般的图像，它也就为本土文化资源的现代利用提示了一种引人入胜的兴趣。但是这种作法在当时的国内画坛并没有得到太多看重。那时侯许多人缺乏学养而迷恋"创新"，所谓的"创新"不是从观念层面出发，只是在技术上作各种奇思巧想，为的是获得某种技法上的"专利"。但蔡国强一方面相信术有专攻，决计修练到底，以求正果。随着他对火药爆炸技术的熟练掌握，果然在效应上有了转机。他用火药爆炸形成的"大"画让人看到了崭新的视觉图象；另一方面，他追求的乃是展现"火药"这种中国媒材的"文化性"和这种文化媒材的"中国性"。他在点燃火药的时候，实际上引爆了一种深宏博大的文化力量，让人感受到来自远古文化时空的震摄。从火药画发展到与不同现场结合的火药装置，从日本"炸"到美国，从彼岸"闪"到本土，直到APEC焰火晚会，他的艺术既保持了一种超验神秘的色彩，又与特定环境即文化现场的关系愈加紧密，他也就臻达化境，敢作各种奇思异想。本土文化对于蔡国强来说有时候是十分直接的：他径自从家乡泉州打造装置《风水》的石狮，去消弥西方人的精神恐惧；从郑和下西洋的港湾挖出只剩下龙骨的老船，去做借箭的草船，以引证东西方文化间奇异的关系。举凡乡土的传统材料宣纸、中药、灯笼等等，都可以在他手中脱胎变相，成为得心应手的语言，并且任由他随机行事，设置成与彼邦彼地文化环境对晤的场域。如果说黄永砯的艺术观念展示了本土文化中"禅"的机锋，那么可以说，蔡国强的艺术观念体现的是本土文化中"庄"的智巧。到后来，被他取用的"物"越来越广泛，也越来越观念。绘画的过程可以再现为作品，如《静物表演》(2000)；雕塑的文本可以变为现场，如《收租院》(1999)；艺术史的故实可以翻成装置，如《蔡国强收藏马克西莫夫作品展》(2002)等等。他的观念"跨时空"之时，他手下的物体就有了"跨文化"的属性，而且愈发驾轻就熟，无所畏惧。

黄永砯和蔡国强的作品在当代艺术中留下了壮观的篇章。需要注意的是，他们的艺术活动主要在海外，在世纪末西方画坛创造性动力普遍低迷，而文化上又对非西方艺术有适度需求的时刻，他们都机智地把握住了机会。他们的艺术观念取自于本土文化道山慧海深处的灵气，在语言的转换中又相当聪敏，于是可以越做越顺手顺心顺场。在不同的空间条件下建立起作品内涵与观众心理间的恰切关系，甚至表现出一种愈发具有包容性和散发性的文化张力。

许江的情况有所不同。在上世纪80年代很长一段时间里，他的本土文化意识主要锁定在"家园"这一情结之中。对"家园"的关切，勿庸置疑是经典的文人意识。他的画风在写实主义与表现主义之间，在写实造型中加入表现性的情感渲染，在表现性的语言中保留可辩的物象之影，都与他的主题关怀落实在"家园"上有关，是联系第一自然的。但1988年到德国汉堡美术学院学习的穿越文化之旅，使他不满足于运用得自西方的造型语言。人在他乡，他悟到更多的是本土的智慧。他从绘画转向装置，不是形态上的喜新弃旧，而是将原有静态的直接的思维方式转向动态的变化的层面。他的《奕棋》系列装置拆解了绘画的单向显示，以制造变数和开放空间的手法形成作品的"问题"——既指向自我，需要在过程中追寻那真实的存在，——又指向观众，让观众在介入作品的过程中获得不同的答案。这个实践过程所具有的"设问——追寻——澄明"图式，成为他的艺术后来发展的基础，也正是因为这个图式具有现代人对自身存在的审视姿态，他的艺术有了鲜明的当代属性。

许江后来仍然转向绘画，但后来的绘画如同立体的棋局，是充满变幻、运动和不确定因素的图像结构，通过偶然提示必然的生命本质。这就是何以他的绘画充满生命感性又颇有哲学意涵的原因。在许江那里，本土文化的资源价值至少从两方面体现了出来：一是他虽然仍钟情于"家园"这种东方式的"诗意存在"，但把承接"家园"观念的载体从自然的水山转变为人文的都市景观，并且用统摄的目光拂去了后者形貌的物质属性，而视之为历史、现实、自然三者的混合体，为它们造型的目的是揭示它们在"身份"上的文化属性。这种转变是很有意味的，一方面体现了从传统的"文人"意识转向现代的"人文"观照。另一方面，又超越了"文人"艺术中只关心自我与自然的小"道"趣味，表现出上古时代中国精神中就已宏扬的"天人合一"的大"道"境界。二是他在绘画方法论上接通了西方与中国。他的"具像表现"画风得自西方现代现象学的启悟。为了接近而最终达到事物的本质，现象学的思维方法是用悬置陈念的办法廓去围裹事物本质的层层遮蔽。但绘画不能一次性获得真实的存在，只能通过反复"抹去"、"再来"、"再来"、"抹去"的过程，在每一次否定中获得某些肯定的形影，通过"痕迹"的累积一步步接近真实。或者说，真实的存在在他的思锋一次次穿越迷雾的过程中，最终"澄明"并"显示"了自身。这看上去是西哲的语言转换，实质上是东方遗产中有过的资源。东方思想中讲究"修持"与"顿悟"的关系，修持是不断的"行"，在"行"的过程中机缘降临、不期而遇，于是慧灵顿悟，"悟"的火光终于明沏了一切。在修持与顿悟相接的地带，才是许江沉思与落脚之处。他的画也因之既浑茫深远，又有生生不息的脉动。

在四位艺术家中，邱志杰的情况比较复杂，缘因如前所述，他的兴趣越来越来转向综合性的"制作"与"生产"。但可视为他起家的那些作品，不仅是从本上出发的，而且在观念上一直贯通了他后来那些复杂的行为。我这里指的是他《重复书写兰亭序》、《唐诗三百首》、《心经》等。同许江的做法一样，这类作品也是一种抹去和再来，只是他针对的是已有的存在，要通过"日课"的方式使旧有的事物托胎新生，获得新的意义。他后来的《说文解字》、《心·心》、《哑钟》、《磨碑》等一列作品，都与中国文字有关。没有中国文字在表意和形态上的独特关系，就没有邱志杰解构中国文字内涵的举动。在艺术史范畴里，他的作为也是"达达"式的，具有反传统、非艺术的意味，但他所做的许多"日课"，在根本指向上不是简单地否定传统，他甚至无意否定已有的传统，而是指涉和点化传统，制造出一种新的文化阐释的可能性。在传统的资源面前，他以犬儒主义的姿态和堂·吉诃德的悲剧式行为反映了新一代艺术家的理解。他作品的基本特征是信息量极大，无论摄影还是录像，都是图像连着图像。我以为，他作品的精彩之处不在图像本身，而在图像的"上下文"关系之中。好似剑客起舞，令人生发快意的是招式跌宕之"间"的张力。他近年来在摄影、装置、行为、书写等领域穿行，形骸放浪，"身份"不能固定，颇有古代轻鄙"行家"、"画匠"的文人习性，我曾称其如今天的文化"行侠"，进行的是当代艺术中的"跨文本写作"。在这种庞大复杂的劳作中，他对本土文化资源的依赖性已经不能舍去。而相反，他正在更努力地寻找贯穿诸种形态的玄机。

如此扼要地勾画闽籍四位艺术家的探索特征，是想说明本土文化犹如取之不尽的渊泽，在当代艺术的创造中，不仅是一种种精神支撑，也是一种种实践义理。但是，必须划清它具有高超智慧价值的部分与糟粕部分的界限，在此基础上，再将它有机地纳入当代艺术的视域。唯其如此，其生命能够葆有健硕之态。所谓高超智慧，是经过历史积淀、带有文化命脉的精华，当其注于今日创造，隽永醇香耐人寻味。所谓糟粕，则是那些歪歪扭扭、发着霉气的小智小巧，一旦入于今日作品，其为着满足“异国情调”眼光需求的功利之心也溢于图表。这四位艺术家的艺术发展历程，是他们摒除传统糟粕、捡炼精华矿藏的过程。他们的历时经验与每一次具体行为，都在此丛书各本的专论、文摘与作品之中，相信读者不难一一辨识，并分享到他们创造的快慰。

当然，把本土文化资源运用得淋漓尽致者远不止闽籍四家。如果把对中国“当代”艺术闪回的镜头拉向80年代期以来，一路上可见许多出入于本土传统观念的诡秘身影，顺手拈来皆是案例。但是有一条，凡能在最初的撷取上再行发展的，都在于把传统资源不断地装入自己的观念框架，去作接通古今、跨越东西的文化之旅。谷文达从扩散的水墨开始，走向了更大的空间。徐冰当年从传统活字印刷的刻印技术中产生了制作《天书》的技术动机，吕胜中从民间剪纸中找出抓髻娃娃的造型，造出了满堂皆红的精灵世界，都是重要的第一步。他们两人1988年的联展在当时实是一个信号，提示了将本土文化资源转换为现代视觉形态图像的可能性。比起黄永砯和谷文达的观念，他们的可操作性更强，技术成分更多，作品因之更好看。他们的联展在中国美术馆举办时，参观者足众，比起黄永砯在厦门和福州形影相吊的场面要热闹得多，比起蔡国强只身闯荡东瀛，行色也更壮观。只是当时的画坛还涌动着激烈的“反叛”热情，人们更加兴奋于后来发生在“中国现代艺术展”上开枪事件那样的噱头，来不及对徐、吕二君的作品作文化动因上的追踪。但是，他们自己却从这个基础上发展了后来的路向。徐冰从《天书》到《方块字书法教室》、再到近年成为空间装置的“游戏文字”，其主打的节目仍然是关于中国文字的魔术。在美国的张健君、在澳大利亚的关伟、在德国的吴山专、在法国的沈远和已故的陈箴，都保持了他（她）们运用本土文化资源的一贯作风。在国内，则有更多艺术家是这样做的。如果要汇集所有的个例，这套丛书的名单可以列出长阵。

在一个“全球化”的事实中，中国艺术面临着挑战与机遇，这是我们的现实。以西方为中心的艺术观念仍然处于文化“强势”，大有整合国际当代艺术的可能性。当代艺术生产方式的趋同，信息传播的便捷，接受方式的一致，都造成了具有通约性质的平台。“强势”的东西在这个平台上是容易通行无阻的，实际也无法阻拦。这是问题的一个方面。而非西方艺术的活跃，也正在调节国际当代艺术的结构，努力形成文化多元主义的生机。这是问题的另一方面。可以说，“全球性”与“本土性”两种机制相互激荡、相互制衡，是今日艺术所处的特定条件。也正是由于这种条件，才需要我们思考如何开掘和运用本土文化的资源，让“本土性”的内涵丰满和强健起来。就我们自身来说，中国艺术在从传统向现代转化的过程中遭遇了历史性的文化断裂，过去百年间是我们将自己的东西丢得太多，已至于我们的感觉、眼光、趣味等等都少了中国的经典，而要建立当代真正的多“元”，首先需要弥合断裂，接上本土自己的“源”，获得属于今日的创造。用本土文化的思想和语言打造的，是一把当代艺术的双刃剑，这方面，对于处在新世纪之初的我们，恐怕仅仅是开始。

好在我和这四位乡贤以及编者、出版者们都深知，这套丛书的目的不仅仅在于肯定四位艺术家已有的成果，而在于提出这个具有“当代”性质的艺术课题，以期引发更广泛和更深入的讨论。

2002年6月于北京

0 问答

1 厦门达达

2 转盘

3 洗书和书

4 坟墓和翻过来的坟墓

5 药

6 动物党

7 食物链

8 天平

9 旅行

| | | | | | | |
|---|---|---|---|---|---|---|
| 姓名 | 现名 | 黄永砯 | 性别 | 男 | 家庭出身 | 待调查 |
| | 曾用名 | 没有 | 民族 | 汉 | 本人成份 | 不明 |
| 出生年月 | | 1954年2月19日 | | | 属相 | 非驴非马 |
| 原籍 | | 泉州 | | | | |
| 出生地 | | 厦门 | | | 出生时体重 | 忘了 |
| 现在职业 | | 正在寻找 | 职务 | 未评 | 爱好 | 不明确 |
| 工资情况 | | 每月在不断增加 | 其他经济来源 | 没有 | 专长 | 偏短 |
| 现在文化程度 | | 尚不清楚 | 学历 | 本科 | 学位 | 文学学士 |
| 身高 | | 每天在减少 | 体重 | 每天在浮动 | 血型 | D |
| 病史 | | 待查 | | | 现在身体健康状况 | 不明 |
| 恢复情况 | | 很好 | | | | |
| 参加组织团体情况 | | 没有 | | 对你有重要影响的人和事 | 几乎没有 | |
| 最喜爱的植物 | | 植物 | 最喜爱的动物 | 人 | 最喜爱的人 | 动物 |
| 庭家人口情况关系、姓名、职业思想倾向 | | 待查 | | | | |
| 何时何地因何原因受过何种奖励或处分 | | 没有 | | | | |
| 生活方式和思想倾向 | | 生活方式还未确定，几乎没有思想倾向 | | | | |

本人简历

| 何年何月至何年何月 | 在何地何单位 | 具体做何工作 | 证明人 |
|---|---|---|---|
| 1975 —1978 | 厦门郊区 | 农活兼杂活 | 耿建翌 |
| 1978 —1982 | 浙江美术学院 | 学生兼教师 | 耿建翌 |
| 1982 —1988 | 厦门回文中学 | 教师兼警察 | 耿建翌 |
| | | | |
| | | | |

说明：

一、表格均应用钢笔填写、字迹要清楚；

二、本表格不做档案材料，最终由个人保存。

一九　　年　　月　　日

《黄山会议表格》 1988. 厦门

?

## 反逻辑成为一种新逻辑

黄永砯与 Jerome Sans

1990.4

**十年来针对那个艺术体系，你在中国表现出一种颠复性的姿态，你能否谈谈为什么和怎样对这个冻结的封闭的，又必然是传统的文化予以抵抗，你是怎样在这样的背景下思考一种当代的举动？**

这个问题首先必须对中国十年来的社会和思想界有个深入的了解。十年来的中国，是一个正在解冻和逐渐开放的社会，这不是说整个社会制度发生了什么根本性的变化，而是说社会表面上沉闷和压抑的感觉正在抒缓，它实际上可能充满空隙和轻松，你可以自由地思考和反思考，你也可以通过各种途径去获得外部世界的信息，就是在这个实际背景中出现所谓中国"前卫艺术"，我只不过是和当时很多中国年青人一样做了一些相似的事。如果说有什么特别思考之处，也许就是我经常以为的那样：你可以对封闭的艺术现状予以抵抗，也可以不抵抗；你可以搞艺术，也可以不搞艺术。把二种相反的作法都看成是一种暂时的或等同的东西，我就是用这种方式去理解所谓的"艺术性质"问题。

**你怎样在安顿下来的西方，特别是法国，考虑这个姿态？**

我到法国后许多人曾问我类似的问题，什么是颠复性姿态呢？什么东西需要颠复呢？我并不特别考虑这个问题，颠复性的姿态可以是一种社会角色，可能有某人去承担这种角色；也可以是一种艺术批评必需的修辞。我到法国以后也考虑过一些问题，但我不知道这是不是一种颠复性姿态。比方说，我考虑一种处理作品的实际价值的方式，也就是我在自己作品价值方面完全放弃自我控制，处于完全被动的状态，我的作品可以在 1F 和 100000F 之间被人任意选择等等。

**你的作品正像这次在 Pourrieres 实现的计划那样，经常重新应用《易经》的东西，这意味着什么？**

我确实经常应用《易经》，但我有时取其占卜方法，有时取其占卜内容，有时是为了摆脱自我选择的困难，有时是因为别人相信《易经》，这并不意味《易经》是什么特殊的东西，而是意味着我们可以经常应用所有的东西。

**你经常用洗衣机洗报纸，它们成为类似泥土的材料，或成为纸浆的原始状态，对你来说这表现了什么，是否是一种文化毁灭的隐喻？**

如果说我用洗衣机洗报纸是一种文化毁灭的隐喻我并不反对，但被搅拌后的纸浆，我又经常拿来作为修补某物的媒介，它岂不是成为一种文化至上的隐喻，这种相反的隐喻存在同一媒介和不同的应用之中并不奇怪。我相信，解释的无限开放性，就像我不相信所有解释一样。

**十年来你的工作看上去有意回避一种逻辑化的表示和一种风格的线索，你是偏爱模糊性、模棱两可这种反逻辑的形式，还是事实上成为一种新的逻辑？**

我回顾十年来的工作，是因为疏忽而未能保持一种风格的线索，也许是回避一种逻辑化表象的策略在起作用。但我想很多情况下相同风格和逻辑化表象是别人或艺术体系对艺术家的要求，而非艺术家的本意，人们希望你只有一个面目，以便于去识别。我是不相信一个人只有一个面目，而且这个面目就是他本来面目。逻辑——语言都是同一的东西，你可以出尔反尔，这又有什么关系呢？语言本来就不是一个可以紧握的实体。反逻辑不但事实上成为一种新的逻辑，确切地说，它是最古老的逻辑。

## 以东打西，以西打东

黄永砯与侯瀚如

1992.8

**你的创作从在国内起至今都是以"反文化"为起点。这一命题显然直接与当时（80 年代前期）的中国现实相关。今天，你身在西方，这个命题是否还能生效？**

首先，"反文化"不应该被看作是站在"文化"的对立面上，而应该被看作是寻求"另一种文化"，或是说对惯常的文化观点采取一种批判的态度。所以，它并不是中国现实所特有的问题。在我看来，"反文化"是展现一种"他性"，而"他性"正是西方当代艺术重新在寻找的东西。

**"洗书"是你的基本语言。你能否谈谈它的含义？**

洗书这种做法和维特根斯坦（Wittgenstein）所说的有些相似。他曾说过"有些时候，某种措词必须从语言中撤走，送去清洗——然后，可以将它送回到交流之中。"我所做的可以说是：清洗既是手段，也是目的，因为我不相信清洗以后的语言可以重新回到交流之中，或者说，交流本身就是"脏的形式"，况且，"洗书"不是为了使文化显得干净，而是使它的脏显得更加怵目。

**你的思想可以说是接受了《易经》、禅宗、维特根斯坦、米歇尔·福科（Michel Foucault）等人很重要的影响。你曾说过要"以东打西"、"以西打东"，你能否就此作一切解释？**

不同文化的相互影响，在我看来，是非常重要的。"西方"、"东方"、"我"、"他"，都不是固定不变的概念，这些概念本身是可以被移动的。我在中国时，曾对西方有更大的兴趣，那是把它做为异己的、想像力的来源；相反，我在这里对中国的思想却又谈论得更多。这也许是在西方背景中的缘故。一方面，"用东打西"是反对西方中心主义；另一方面，"用西打东" 则是反对退入纯粹的民族主义之中。当然，这种关注点的转移经常是因为背景的不同而改变的。

**在洗书、使用和放弃《易经》、借用“炼丹术”等一连串行动中，你强调的是一种“把水搅浑之后的大彻大悟”。这种“模糊性”的游戏实际上包含着某种暴力。这种“模糊性”的暴力是否在西方这个环境中，由于文化的差别而显得更加有力量，也更有必要性？**

从事艺术和谈论艺术本身就是一种尚未觉悟的表现，更谈不上“大彻大悟”了。如果说，水需要搅浑，那是因为“水清则无鱼”的缘故。“暴力”这个词现在很时髦，尤其是西方的传播媒介使人造成这种印象：人们喜欢看到暴力。但我更欣赏“非暴力”这个词，因为内部冲突比外部冲突来得重要。

**你的创作在大部分情形下是针对地点而作的。这里面越来越强烈地带有一种“政治”意味。你是否同意这一解释？**

我同意对我作品所作的任何解释。一方面作品本身是开放的，另一方面，对作品的解释归根到底是关于解释者自身的。如果说我的创作带有“政治”意味的话，那就是在热衷于政治的人眼里看出“政治”；但在讨厌政治的人那里，却曾看出“非政治”。“政治”在我看来是一个相当泛用性的概念，就像“地点性”，不单是指展览建筑的空间，而且应该看作是一种社会政治的话语。你针对某个具体地方安排你的作品，这就是对已经“写下”的话语进行删改或是添入不相关的语词，以便让原来已经存在的所谓社会政治的话语变得更加醒目。仅此而已。

## 一幅梵高的画和一块抹桌布可能是一样的

黄永砯与 Jean-Hubert Martin

1992.5

**你觉得你在厦门的作品与中国的社会政治情况有关系吗？**

当然是很有关系。当时中国的情况正从一切都是政治化的背景中慢慢地改变，人很难脱离这种社会政治的背景而单独存在。

**我在中国见过一些艺术家，好像看不出他们的作品和政治有什么直接关系。如果说在中国一切都和政治有关，怎么从作品中去发现这种关系？**

这是中国特有的现象，一种过分政治化的结果导致的相反态度，一种非政治化的倾向，尤其是一些艺术家，他们沉溺在自我表现和纯审美的形式主义之中，以此来摆脱政治。

**你觉得在你的作品里这个内容怎样表现出来？**

在中国过去那个年代里，艺术是作为意识形态的一个组成部分，你对艺术本身的性质提出疑问，你破坏艺术本身，就等于破坏这种政治结构。如果我们把艺术当作现实生活的一个隐喻：改变艺术的看法，就是试图去改变人的思考方式。而在过去，中国存在一个重要的问题，是不同的个人被培养成同一的思考模式，就像有一种说法，每个人都是“螺丝钉”，一部国家机器中的一个零件。

**你可以更具体地说为什么是“螺丝钉”？**

那是六七十年代的一种典型道德说教，每个人的作用就像一颗螺丝钉一样，默默无闻地为整部国家机器服务……

**刚才说的“螺丝钉”，表现了人与人之间的社会关系很密切，有互相交流，艺术家在这种情况下为着社会而工作。和这里的情况相比较，每个人都很单独，你可以长时间呆在工作室里没人管，只为自己工作，你是不是觉得当时的情况很有意思？**

是很有意思，人与人之间虽然关系密切，却互相制约；虽有很多交流但内容平乏。现在看起来，这一切都染上很强的乌托邦色彩。

**我想知道，当时在中国看你的达达主义作品，你有什么想法？**

我时常强调：对和错是没有绝对差别的，一幅梵高的画和一块抹桌布可能是一样的。我当时只是想在没有怀疑的地方加以破坏，可能造成些混乱，因为混乱本身有时是具有价值的。

**你觉得这种破坏，是用一种中国传统的方式，还是用一种西方传统的方式来作？**

这种破坏，我觉得最佳方式还是采用现代西方的方式。我想当时这是自然而然产生的，不可能用其它办法。一方面，这和中国的历史有关，凡是一场革命到来，总是引借外来的思想，作为一种激素，哪怕是后来发展往往变为面目全非的东西。当然，我也考虑一些中国传统思想中有意思的那些方面，道和禅，我在达达和禅宗之间发现它们的相似之处。

**当时这两个问题并不是很潮流。**

是这样，中国当时并没在完全以西方当代艺术的发展为参照系，中国的艺术家基本上还是封闭在所谓“85美术运动”中互相参照。

**你当时对“达达”的理解是什么？**

马赛·杜象或达达，我是从一些零零散散的资料中了解的。“达达”对于我，可能是一种“非艺术或反艺术”的代名词，一种对每个人开放的运动，一种怀疑的态度。真正产生于“达达”时代的艺术家，除马赛·杜象以外，我并没有真正感兴趣，而像Y·克莱茵，P·曼左尼，J·凯奇，J·波伊斯，我却把他们归为这一名下，正因为它容纳了我想要的所有东西，我所指的“达达”便成为一个“空的能指”。

**你看的书有20世纪的西方艺术史吗？**

当然有，这是了解西方当代艺术的主要途径。还有诸如《马赛·杜象的谈话录》，香港印刷，我当时把它整本复印，流传给其他朋友。

**你们艺术家之间经常谈论此题目？**

经常，我们经常聚会谈论。

**我更想知道一下你的工作和社会的关系，你的活动如何被看成是地下的？**

我是在一个中学教书，而且住在远离政治中心的南方小城，当时的社会状况，我是个边缘人物，我也喜欢这种边缘性。我虽然经常通过写文章、谈话，做作品，搞活动等方式发表一些言行过激的东西，但我却很隐晦，所以真有点"地下"的意味。我不好社交，但也和一些艺术家组成团体一起活动。在1986年，中国社会政治已经有所开放，但我的工作与当时的社会还是存在张力，对公众展出一幅唯美主义的抽象画是被允许的，但把美术馆外面堆放的杂物搬到美术馆展览就要产生冲突，但这种举动却扩大我和社会的联系。

**当时你告诉我，你有些作品要扔掉，出现问题，不但是做作品，就是扔掉作品都成问题，能不能详细说一下？**

这不是单纯扔掉一些作品，其实是我安排好的一次活动，我把一些作品堆在马路边的垃圾堆上，观察人的举动，有些人为了木料动手去拆作品，有的则顺手拿走，完全不同于在博物馆的观看，结果是因为我当场拍照引起和公众的纠纷，最后以在警察局交检讨书告终。

**你的生活中，艺术是一种反对的办法，还是作为一个与那个政治的对比？**

我想是作为一种对比，就是说除了现存的政治体系所建立的艺术之外，在中国，艺术家还能有什么其它可能性，能建立这种艺术之外的艺术，这是一种实验。

**你现在来西方二年多，你当时的作品和社会政治情况有关，现在你的作品内容是什么？**

我在中国的时候，并没有把西方的发展看成中国未来发展的理想模式，我总是面临实际生活的问题，随手拿来各种思想和材料，融于我的工作。现在虽然背景变了，但生活仍在继续，我现在还是试着做一些和现状不太一样的东西，还带着实验性。另一方面我也面临着新的边缘性、文化差异和语言欠缺，我还考虑将这些因素引入我的工作。

**你觉得这里也有一种压力，也有一种东西需要反对？**

是的，不但存在社会对我，也存在我对社会的看法，我并不完全赞成西方社会中的一些普遍的成败标准、价值观念等等。

**你说的社会哪些部分的问题冲突是存在的？**

比方说，经济问题、种族问题等等，与艺术家密切相关的，如艺术市场，艺术家如何不受艺术市场的支配，如何不受艺术时髦的影响。

**艺术市场对你有一种压力，有人要买你的东西，还是有一种东西你需要去反对？**

艺术市场对艺术家的压力是一种潜移默化，影响我们做什么，不做什么，朝什么方向发展。许多时髦艺术都和艺术市场的价格有关，被经济所控制和吸引，这是我所反对的。

**你有一天告诉我，你有一种办法把作品与市场的价格隔开，每人能自己决定付多少钱，这一想法就是从这里出来？**

是的，那是一个关于作品价格的自我规定，它包括如下内容：1、我不作任何定价，也不希望有人帮我定价。2、价格是由想购买的人决定的。3、我对对方所提的价格无条件接受。4、这一规定适合我所做的任何材料，任何尺寸的作品。5、适合任何场合。这样作品价格便完全是漂泊的，这种自我规定类似宗教誓愿，同时也是和公众一起体验经济学的概念——"亏损"和"便宜"。我想艺术作品与想要它的人之间不应有个媒介，不应该由画廊和市场行情来决定价格。

**你有没有把这个想法告诉你的画廊？**

没有，如果我要彻底去实施，我可能慢慢失去再生产作品的能力，只好停止制作作品……如果我要赋予它一种意义……

## 水土随身带

黄永砯与孔长安

1992.12

**你为什么选择去巴黎而不是纽约？**

曾有人问我类似的问题"你为什么选择在西方逗留？"我说，这不是一种理智上的选择，而是一种被动的因势利导，因为那不是一个事先设计好的"留学"或"移居西方"的个人计划，完全缘于1989年的展览"大地魔术师"，要避免选择，最好以被动的方式去接受已经成为的事实。再说，我也从未想到去比较巴黎和纽约的优劣，它跟我个人现实没有太多的关系。

**这几年你在很多国家办了展览，我看过候瀚如主持的那个Life Size。你的作品有很强的侵略性，这好像是你的艺术特点。你是不是对种族的问题比较有兴趣？**

关于艺术特点，我个人很难说些什么，我所作的各种展览计划都是因时、因地、因展览主题的不同而不同。至于结论，或是个人特点、手法……也许你作为旁观者解说的比我更多。"侵略性"，我明白你要说的意思，但"侵略性"这个词和"种族问题"之间的微妙关系，这才是我所感兴趣的。就像没有1937年日本的侵华，就没在后来"中国民族革命"这一问题提出。这两个概念基本上是一个地理学的概念。我从中国到了西方，我是客人，"客人"一词有双重性：它隐含着侵略的意味，同时又是恭敬的和服从的。所以，"古之用兵者有言，吾不敢为主而为客，不敢进寸而退尺。"什么叫不进寸而退尺，就是一种"不动性"。我只是按一个中国人的方式行事，这叫作"不动性"。所以"侵略性"是隐而不见的，我为客而不为主，我的不动性，是否因而切合西方人的想象力？这样我们就可以从另一个角度去谈论"种族问题"，种族其实是一种同异的问题，在我看来原来不属于我的东西，便是一种“他性”或“非我”，而不同种族的东西则是一种最自然而然的“他性”和“非我”。有人研究西方近、现代文化发展史，以为每当西方文化发展处于彷徨时期，就有大批作家开始重新研究“他性”和创造一种“非我”，也就是重新寻找自己已知领域之外的“异域”，但这不是出自于对其它种族的爱好，而是西方人“想象力”的需要。

**巴黎的艺术和西方的艺术界对你有什么影响？**

你这类问题是属于可问不可答的，“影响是什么呢？”其之所以能“影响”我们，便是我们自身已经存在的东西，比方说，我必须首先明了我的艺术特点是什么，尔后才可能了解所受的影响是什么。有时候，回答问题的方式比答案本身重要，因为方式即是观点。

**在海外你感到作为一个中国的艺术家最大的问题是什么？**

这个问题和上面所谈的有关，不是艺术家有什么问题，而是在海外有问题。孙子说“凡为客之道，深入则专，主人不克，掠于饶野，三军足食，谨养而勿劳，并气积力……”又说“入人之地深，背城邑多者，为重地”，“重地则掠”，“重地，吾将继其食。”看来是一个供及补给的问题。孙子提供了一个就地掠取办法，可供仿效。老子也说了类似的话“圣人终日行不离辎重”，我把它称之为水土随身带。

**如果语言已经不是主要的问题，艺术上的问题你觉得什么是主要的呢？**

我好像曾经和你说过语言不是一个问题，但恰恰是在于，我在海外活动，但却未能说一门外语，难道不是一个很大的问题吗？当然我不是去提倡不学外语，我仅考虑如何把语言需要降低到最低限，并把它当作一种生活方式来实践，而艺术只不过是由其中引发出来的若干举动。我们知道语言和欲求相关。欲求什么呢？欲求表达。表达什么呢？每一次语言欠缺都挽救一次表达之无益。“多言数穷”，所以寡言养静之有益。这已经是讨论哲学问题了。当我们说这不是一个主要问题，不等于说有一个后补的可称之为问题而等待其后，我是提倡少问题和无问题的。

## 何为隐喻

黄永砯与 Philippe Garcia dela Rosa

1995.8

**在 Jean-Hubert Martin 的邀请下，你接受参加“五大洲画廊”的展览，那么对于这个展览你期待什么？**

首先策划这个展览的想法使我感兴趣。来自亚洲、非洲、欧洲和美洲的艺术家会聚在这个博物馆原来的“五大洲画廊”，这意味着艺术家和他原有的文化背景的密切联系。不是说我是亚洲人，我能代表亚洲的文化，而是重提一个“根源”的问题，以及在一个世界文化格局里，每一个不一样的“根源”的艺术家的各自角色是什么，以及这种差异性将产生如何的对话？我想这个展览是“大地魔术师”展的继续。

**自从 1989 年你参加“大地魔术师”展览后，你生活和工作在巴黎，又经常旅行和工作在欧洲和其他国家。你曾说过“巴黎是你一个比较稳定的点和到西方的第一站”，在你的作品里“打开西方”意味着什么？**

在西方逗留的经验使我发现，做一个非西方艺术家在西方从事艺术，将有许多新的可能性，他可以用他原有的背景的差异性来工作，可以对西方的当代艺术提供一些不一样的视点。我一直强调艺术家个人和他背景的关系，一是艺术家工作和生活的当下背景，一是深处背景，也就是它的文化根源，这二种背景的不一致性将产生一种“双重他者”。对于西方人而言，我是自然的“他者”；对于生活在现实中的中国人，他又成为另一种“他者”。这种既不是“这个”，又不是“那个”的“双重性”却可能打开另一个空间，逃离一种被规定性的“限制”。

**在你的作品观念中，动物象征着什么？**

我使用动物，确切地说使用活的昆虫，我看作是一种个人语言中的一个词汇，像以前我用洗衣机和洗书，从意义上去“解构”或“重构”，这些多少都带着西方的影子，而使用虫，则更多是来自中国传统的影响，如中国最早的、最多义性的字：

“蠱”

“蠱”，三个虫字在一个盘子里，它是一种病毒，一种民间巫教“养蛊”，一种米中之虫，一种精神性错乱，腐败，《易经》中第 18 卦，同时也意味着一种新生。这个字，给我很多想象，包括诗意和神秘性，在我的作品里用一种微不足道的“虫”去扮演一种隐喻性的冲突的戏剧性场面。

**你如何解释和界定“隐喻”？**

我所说的隐喻，一方面在修辞学中，它是指符号的能指不断被替换，一个意义丰富和扩展的过程，这一衍生甚至可以走得很远，达到“荒谬”、混乱和非理性。另一方面，隐喻被作为一种相悖的表达方式：在开导的同时隐藏起来，它晦涩同时明了。

### 隐喻

隐喻在中文里正是由“隐”和“喻”二个意义相反的字组成：“隐”：潜藏，隐晦，暗示。“喻”：开导，明白，告知。隐喻的过程中，能指替换并不是在公共和社会常识之内，而往往是在艺术家和符号“能指”之间，艺术家只不过是意义的制造者。在我的作品里，蝎子被当作虫类“强权”；蝗虫，则作为黄种人的象征；一个封闭而中空的笼子，可能被隐喻为人的社会处境或社会机制；蛇则作为一个活动的桥，或作为和谐、乌托邦的象征，或是其它。

# 艺术中的新国际主义

黄永砯与 Gavin Fantjes

1998.1

**你在巴黎生活了九年，为什么要离开中国到巴黎来？**

这不是决定，当时我是应邀参加 1989 年“大地魔术师”展览而到巴黎的。

**于是你就决定留下来了？**

我收到许多在法国从事展览、讲座的邀请，而且还得到了为期一年的奖学金，还有到欧洲其它地方展览的邀请。

**就欧洲人的眼光来说，人们视你为中国的代表，你想成为这样的代表吗？**

关于这方面，有些是准确的，但有些也不准确。我从不拒绝别人把我看成是位中国艺术家，而且中文是我唯一使用的语言，但我不得不说我并不代表中国。一个人怎么能代表那么多民族和丰富的文化呢？

**请你向我介绍一下你在卡地亚基金会这里办的展览中创作的动物兽群的有关情况。**

最近几年，我一直在做有关动物作品，一开始主要是昆虫，活着的昆虫，运用它们来处理社会或现实中的问题，这是一种象征或隐喻性的方法。后来，我也使用动物标本或动物皮毛，如这次在卡地亚基金会的作品。这件作品不但是关于我们今天生活的现实，而且也是关于动物本身。

**人与动物的关系是指我们使用它们，或作为食物，或作为工具。你是如何使用动物的呢？**

当我们谈论人与动物的关系时，我们通常说人利用动物、人优于动物。可我使用动物的方式来自中国的神话，在这种神话里，人与动物是彼此混杂、相互共存。它们相互吃对方，形成了一个食物链。人实际上并不优于动物，二者都处在同样的平面上，都面对同样的危险。人受到动物的威胁，动物也受到人的威胁。

**在欧洲，我们遇到了所谓“疯牛病”。这件作品是关于人与动物之间的感染、传播疾病？**

当然你可以这样看。不过，我的作品对这种情况作了改变，在这里，牛吃羊，羊吃人，人又吃牛，在程序上是个循环。

**牛在形体尺寸和外形特征上是非常古怪的，而羊则有虚幻和漂浮的感觉。**

在作品中我用三个高度来表达这种观念：不到两米的高度代表人的层面，羊的层面略高于两米以上，牛的层面为五米多高，高度标出了这样一种秩序。作品是人制造的，人同时又受作品的危险。

**这头牛长着四个角，不是两个角，还长着长长的耳朵。它模仿史前动物，像是侏罗纪时代的动物。这头牛是不是有什么神话，它是不是与远古有关，或者说它是一种科学幻象？**

我一直使我的作品在内容上有所指涉，比如与中国文化的关联。这次我的作品取意于一本著名的远古地理书《山海经》。这本书描述了一头牛，叫“诸怀”的怪兽，有四只角，有猪的耳朵，人的眼睛，还发出婴儿的声音，吃人。而且这本地理书还触及吃人的羊。吃人羊通常也长四个角，但在我的作品中羊没有角只有一张皮。这件作品名为“羊祸”，但实际上当你注视“羊群”，它们并不是属于凶恶的，于是就引发出一个问题：这是羊祸，还是牛祸，还是人祸？

**你刚才提到你的作品经常与社会主题或社会问题有关联，接下来的问题是有关食物的。你在伦敦的坎敦艺术中心“巴黎人”展览上做了一件名为《大限》的作品，它使用了中国传统瓷制的大饭碗，放大到很大的尺寸。在这些饭碗中你放了标有 1997 年 7 月到期的当代制造的食品。能谈谈这些作品吗？**

这当然不能将这件作品与 1997 年的英国情境分开来。我们都知道香港与英国 1997 年的相互关系、我试图在作品中把许多问题引伸出来。食品扮演了一个提示者的角色，它使我们想到了有限性。食品不像泥巴或木头能长期存在，它总有一定的限度，它折射出人类的历史或者社会，历史、社会和生活中每件事都有局限性。我运用图像在这些问题之间创造出一种关系，所以碗上的这些图像非常重要。实际上，这些碗并不是传统中国的碗。我选择的是东印度公司制造的瓷碗。碗上的图案基本上是东方的，是用传统手法绘出的。有趣的是在这些图像中，人们会发现各种殖民者的旗帜。同样有趣的是我做的放大的饭碗实际上还像大地球仪的半边，它给人的印象是地球上被这些旗帜所环绕，这些旗帜使人想起 18 世纪末、19 世纪初西方殖民主义的盛期。我把这些东西串连起来，从食品到瓷碗，再到旗帜，它们都串连在一起。

**这个殖民旗帜环绕世界的想法是非常诱人的观念。碗上的图像表明殖民者觊觎别的地方。它还可以看成是一种包裹形式，看成对世界的覆盖，用的包裹和标签的方法与碗中食品是一样的。碗内的食品都标有 1997 年一个殖民时代结束的日期，碗的外部则是早期殖民主义的形象。二者都有时间刻度，二者都是一个结局。**

你的解释对我的作品是很好的补充。我希望作品有一种能将其所含信息转换出来的释放形式，并能从观者的想象中反应出来，这是作品引发的极好反应。

**这里有三只碗，我想知道为什么是这个数目，而不是一只或两只？**

碗是人人皆有的，它是一种公共普遍的形象。每个人都有权利拥有一只盛米饭的碗，但碗的形象不属于个人。所以，在一和三之间有着极大的不同。三意味复数。

**我对“羊祸”的另一个反应，也与殖民主义有关联。“疯牛病”从羊传染到牛到人，讲的是事物的迁移变化，在这件作品里它并不仅仅是指穿越物种，而且指穿越地理边界。“疯牛病”据说起源于英**

国，因为英国人饲养动物用的是疯狂的手法。这种病现在广泛传播，可能遍布在整个欧洲。这种迁移、传染的概念不仅存在于“大限”的碗里，而且也存在于“羊祸”里。

这就和我的生活不稳定一样。我是中国人却生活在这里，我在英国也在法国办展览，因此这也同样是一种迁移。

**你远离故土，在法国巴黎，是一位“自由自在”的艺术家。你在巴黎工作，在地缘上是否视自己为此地的人？你是从艺术上觉得这地方最自由自在还是从地缘位置上有这种感觉的？**

这是个复杂的问题。我一直坚持认为一个人无论在哪儿都离不开生他养他的故土。当一个人有了家，有了一个稳定的家，他就不必迁移漂泊了。居所的问题也就不存在了。但如果一个人开始四处游荡迁移，变得不稳定或者成了个流浪者，家的问题就产生了。于是一个人不得不思考什么是他的故土，什么是他的源泉。所以事实上，如果一个人旅行出走，他就没有了家，但他需要一个家。有两种家我现在可以设想：一种是移动的家，一种是固定的家。

**在你创作的许多作品里都存在着对边界的跨越，不仅表现在物理概念和位置的迁移方面，而且也表现在观念的差异之间的运动。如果可能的话，你可不可以结合具体作品谈谈这个问题，而且从更为普遍的意义上看，是否可以把对你的艺术创作实践的探讨方式看成是一种“跨越”的形式？**

国家之间有边界，但还有一个我们自己的更个人化的边界。问题在于如何克服我们自己的有限性，克服我们自己的边界。这两种类型的边界常常相互交叠：当你越过国境到另一个国家的时候，你就会觉得你同时正在跨越你自己，跨越你自己的内心世界。

?

**你大概把自己还有你的作品看成是不同边界之间并且跨越边界的一种“桥梁”形式吧？**

桥的形象是个漂亮的比喻。在桥上有两个起点、两个终点。通常我们认为一个人应该只有一个立足点，但当你成为一座桥时你就不得不拥有了两个立足点，这也就是对跨越自我边界概念的一种解释。作为一个人，你可能会有两种立场，在这两个立场之间，有一个是比较稳定的，符合你的本性；另一个不太稳定，是游移不定的。这桥总是处于危险之中。

**危险，可它同时不是提供了新的可能吗？**

在我看来，危险的概念不是消极的，而是积极的——它给其它东西的出现提供了可能性。

**还有这样一种看法，认为由于我们有从一个地方搬到另一地方的流动性，所以艺术家的角色越来越像一名过路客，像一名渡船工，把观众从一种观念“摆渡”到另一种观念，从一种文化经验挪到另一种文化背景中。你觉得你是否正在当一名过路客呢？**

当然是这样，而且还是“搬运工”。但每件作品都是对不同地方的特定环境的反应。它不是把一个东西从一个地方运到另一地方的简单动作，而是对它所特有的环境做出新的反应。

**在你作于巴黎非洲与大洋洲艺术博物馆的另一件作品里，你搭起了一座桥，里面的两端放着蛇和龟，由于桥坡度陡，这些龟无法彼此穿越。不过，这件作品提出了两种处境、不同现实和身份的概念，而且隐含着将这分离的两端沟通起来的可能。观众应邀从侧翼思考处境和差异。动物当然无法穿越这座桥形物，但是，桥的存在表明了一种空间上的交流。这种连接的存在为两个分离部分之间的交流创造了空间，即使人们无法跨越它。完整的解释当然是不可能的，但误解或一知半解的交流也是一种交流的方式。不同世界之间的交流在你的艺术实践中是常常出现的某种东西。你的早期作品，距今十多年了吧？“《现代绘画简史》与《中国绘画史》放在洗衣机里搅洗两分钟”，把两个动态的世界组合在一起，作为它的最主要特征。**

我做了一系列洗书的作品，主要是表明我对通过语言来进行真正沟通的怀疑。人们依赖语言而不是其它东西来交流，我想表达对这种现象的怀疑态度。这是这类作品主要涉及的内容。

**所以，西方所说的“国际主义”的概念，在许多方面是令人怀疑的。这是否就是你要表达的意思？**

这种怀疑不仅集中在艺术上，而且从根本上说集中在所谓“国际主义”的政治和经济方面。你会注意到跨国公司甚至还有联合国，有许多幻象。这并不意味着我们应该为了民族主义而否认国际主义。民族主义甚至比国际主义更危险，但在另一方面，在大叫国际主义的背后也许总是存在着民族主义的动机目的。我认为我们应该谨慎些，不要太天真。在我看来，国际主义是不能与两件东西分开来的：人类学与殖民化历史。人类学和人类学者只有在西方才可能产生和建立。那是过去的情况，现在情况还在发生着变化。就今天的现状而言，我们必须关注国际主义与跨国企业之间的关系。我认为国际主义从本质上说是西方的概念，当我们谈论艺术中的国际主义时，我们应该努力把它放在这个语境中来思考。国际主义是个乌托邦的想法。乌托邦在艺术中很重要。我们大家都希望实现一种新的国际主义，但如何在现实中实现它则是另一回事。

**消除身份与文化的概念，代之以模棱两可、支离破碎的国际主义清洗过程，对历史概念进行消解，难道这不是意味着要给人洗脑子吗？**

清洗的过程有不同的暗示和意味。尽管如此，我要强调的是，我洗书的原因并不是要清洁而是要弄脏。“脏”的国际主义概念总是比“干净”的国际主义概念要好些。换言之，这是一种混合物：它不是清晰而单纯、有序而透明的东西，而是相当复杂和无次序的。

**还有件作品也是有关迁移、食品和时间概念的。“不可消化的物品”是用生、熟、腐烂米的三种状态制作的。侯瀚如撰文称此作品为“熵”，说你的艺术作品处在一种不间断地反复突现和变化状态之中。在这件作品里我们认识到时间的流逝性。在你的很多作品里都有时间的因素，使人意识到转换和变化。**

在阅读作品时使之持续的过程因素是非常重要的，要把作品看成是一个过程而不是一个艺术对象。就像一本书，人们不得不思考并且通过自己的方式来理解，人们可以把书视为一个通道。“通道”的形象很像上述的桥梁，从一个点移到另一个点。这是“不可消化的物品"的一个重要方面。实际发生的情况是，人们进入展厅通道时，必须穿过地板上放着的形态各异的这些大米，它改变着人们的感觉。给人的感觉像是在穿行某人的体内肠道。我们在这次讨论中提到食品和语言，实际上我觉得食品和语言是文化自身的两个基本层面，正是食品和文化决定着我们有什么样的文化。

**我想起了弗朗兹·法依说的"讲一种语言就是呈现一种文化"，这正是我要坚持的一个想法。另一个看法是食物仿佛成了我们对民族身份保持传统认识的最后一块领地。我们都谈论吃"健康"的食物。世界上有独具风味的鲜活的烹饪食品，这成为我们被全球一体化观念淹没时最后一块领地。全球一体化观念认为世上所有东西的味道都是一样的。**

如果你到一个新地方而且掌握了这地方的语言你就某种程度地改变了你自己，但如果你还完全接受另一种文化的饮食方式，那就意味着你完全与这种文化同化，你已经改变了你的身份。

**我成了我吃的东西？**

是的。令人吃惊的是，过去殖民者在殖民地建立了学校，发展教育，他们试图通过语言和教育使其它民族与他们的文化同化，可奇怪的是没有人提到我们应同化饮食。所以你可以到处看到，中国、印度、法国的餐馆，不管怎样，都保留着它们自己的特点，这是个很奇怪的现象。

**是的，如果我们谈论全球主义正在改变着我们的生活的话，其令人吃惊的现象是我们暗示当法国人、德国人或丹麦人出去吃中餐，他们实际上不仅在吃喝，而且在接受一种文化的他者性的种种观念。**

但这种接受经常是间隔性的、短暂的，这里有个差别。这并不影响人的思惟方式，所以你可以消费它。但如果你接受了一种语言，它影响你的思维方式及文化，那却是另一回事。必须把这两者分清楚。

**我对"机遇"在你作品实施中所起到的作用，以及这与西方认为艺术家是梦幻和自主的创造者的观念是怎样的关系十分感兴趣。你在不少作品里用《易经》来作为决定如何继续创作的一种手段。**

我一直对艺术家从无中生有的自主创造者的角色和地位非常怀疑。通过借助机遇，人们可以得到豁然开朗的启发。这也与我自己的文化背景紧密相关。在中国，个体性并不非常重要，就哲学而言，传统中国哲人从不说"我说"，而总是说"古人说"。这是与现实接近的一种方式，这就是我用《易经》的原因。

**你对各种哲学学说，从道家到禅宗，从西方哲学家中的维特根斯坦、福柯到德里达，都感兴趣。请问你对这些不同的思想见解的理解与阐释里是否有相互交叉重叠的成分？**

当我们看新事物时，我们是在看现实中已经存在的东西。当你阅读所谓"外在"的东西时，它实际上是已经存在于你的文化和你自身之中的东西。我无法阅读任何外语，所以我只能通过翻译，它有时是非常不完整的。但这并不重要。重要的是它使我想起了我自己的文化中已经存在的东西。

**我们从未翻译得准确无误。即使我们可以设想把意思翻译准确了，但总是在意味上有细微差别。就说四角牛吧，我做的解释与谙熟中国神话，能够说出长着猪耳朵、人眼睛的四角牛从何而来的人是不一样的。你遇到过解释不清的时候或者看到解释潜在的窘境吗？**

每次我都努力解释自己的作品，但每次都可能不完全相同。

## 书的内在性

黄永砅与 Hans-Urich Obrist

1998.3

**为了开始的开始，我想提个问题：这本艺术家的书的想法是怎么产生的？这个艺术家书的片断，因为在你的工作中很久以来，这个册页是书的内在所固有的，书的内在固有性起了一个很重要的角色，我想到了你为一些不同的画册所作的一些原始册页，这些册页是由一些粘贴，一些文章所做成的，而它们一直被当作艺术家的书来构想的，但是，直到现在这还是一些插页，而这一次却是一本艺术家大全书的想法，这种想法是怎么产生的？它和一本画册有什么不同？**

这些册页始于1992年，它是随着我的一些不同计划的实现渐渐写成的，开始是为了记录作品的过程，因为通常我们只能看见的是作品最终完成的样子，而我想融入更多的东西：某些想法（idea）的来源、思路的迂回、选择的犹豫，以及一些过程中的副产品——草图等等。它是我自己做的，但对于所谓"艺术家书"来说，又可能显得过于平淡无奇，它更像是介于照相本、手抄本和备忘录之间。它和画册不同在于，它没有通常画册统一而连贯的思路和编辑方法，一开始，这些册页我想按几种清晰的观念来分门别类，后来旁出太多，只能按一种似是而非的相似性来连接。例如：

第一册是我记录一些和"洗书"相关的观念，我称之为"断舌"，对一种系统化的语言文字的破坏。

第二册是所有关于《易经》的，以及所有来自中国古代方术的参照系，我称之为"养舌"，就是去顺从某种遥远的，已被忘却的方法的指导。

第三册汇集了我几年来在不同地方实现的计划，有些东西是无法归类的。

第四册时间更近些，从1995年到1997年，这是一种历时性记录，任其观念的跳跃，处理也更随意。

**我们是否可以说同时存在着秩序和无秩序？在下面的意义上……意大利艺术家 Alighiero Boetti 有本很美妙的书，他在70年代写了本全世界上千条最长的河流的书，这些河流被按它所穿越的长度来分门别类，显然一条江河混乱的线路不可百分之百地测验量准**

确，正因为这是某东西逃避了测验量。其次，正因为这些源头是多样性的、不同的，它们和河流的长度是不同的，秩序永远是一种非秩序，Alighiero Boetti 只是在书页上放一个带来秩序的源头，但同时也有其它的秩序，服从于源头，这就是秩序和非秩序的原则，我们可以谈一点这个吗？

这个问题很有意思，这也就是好像在同一个艺术家他所做的、他所想的，也就是通过这个问题我们想了解一个人。我经常在别人看来是非秩序的，对我来说，非秩序比秩序更重要和更有意思，比如说，这四本册页做成书的实现，是一个秩序的工作，这就好像我开始想到要为我的全部工作制定一个秩序，找回它的源头，但在事实上是不可能的，因为总是会有新的材料加进来，有疑问，有反复。一本画册或一本书是关于过去的一种总结，就像你提到的河流，一条河流的流动过程是一个消失的过程，我们试图抓住它，但实际上，我们所得到的只是我们抓的手势而已。

这把我们引向另外的问题，第一个问题：这本书大量提到时间的问题，在你的整个工作中也是这样的，而我认为这种关于时间差的问题在 90 年代出现很多。跟 80 年代相比，90 年代的艺术，时间变得比空间更为重要，你能不能跟我谈一下时间的观念，不光是在这本书里，也在你整个工作里，这些物品中很多事实上都不是完成的，或者封闭的物品，而它们经常表现了一种过程，我们可以说是在物品和过程之间的一种摇摆，物品被展现在一种人类学面前，一切都在转换过程当中，在一种流动之中，而这本书正好是由一些片断组成的，一些非常异质和多样的成份组成的，它们很好地反映了你在时间当中进行工作的某种方式，也很好地证明了这一方式。

?

我以为时间有一种聚和散的能力，比方说，在我 5 年或 10 年的工作中，时间使我聚集了某种东西，同时也失去了某种东西，我又回到我所失去的某些东西上来，并重新试图集聚它们。时间使我们同时聚合和丧失，但不能说是一种封闭的循环，只是它多少带有任意性。

我们可以不可以说应该接受矛盾？

应该接受矛盾。是矛盾带来生活，没有矛盾就没有真实性，矛盾促进我的工作，因而接受矛盾就是接受某种根本性的东西。我经常想到东方思想中的这个问题，人们经常允许矛盾的展示和出现，而不是去抑制它，或者使它消失，因为那是不可能的，这一点在老子的思想中是很明显的，我想知道你是怎么想的，尤其在西方思想中？

相对于东方思想而言，也许应该提 Gilles Deleuze，（Foucault 曾经说过，我们将重新想起欧洲的 20 世纪，就好像它是 Deleuze 世纪。）Deleuze 跟你所说的完全有关，在他的全部作品里面一直强调要超越二元对立，然后达到一种时刻，在这个时刻里，问题不再是"或者"或"既不"，而是一个"又这个，又那个"，"或者，或者，""既是，也是"的关系，但是 Deleuze 把我们引到另外的一个问题上来，自从我们在 90 年代初相遇和认识以来，我们曾大量地讨论东方哲学和西方哲学的问题，而你在中国开始就读过很多西方哲学的书，我想把这个问题再反过来问你，在你看来，对你而言，谁是你哲学中的英雄，而我们可以把它扩展到艺术，在艺术中谁是你心目中的英雄？关于英雄的问题，一个英雄就是某个你或我们所崇拜和热爱的人。

我很少阅读德鲁兹，因为我不能阅读原文，而中文译本又很少，你刚才提到的关于超越二元对立，我想还不单是语词方式，而且还是一种从地理——文化上超越二元对立，一种东西方对立，我指的是一种生活境遇，也就是处在一种"双重他性"之中，（ni l' un ni l' autre.）具体地说，我生活在西方，但同时我又不是一个西方人；我使用我们熟悉的文化作为源泉，但我又不生活在这种文化的现实之中，这种尴尬却给出一条出路去超越二元对立。至于英雄的问题，如果像德鲁兹所说的那样伟大的当代英雄只可能是精神分裂的人，那么，以疯人为榜样的当代人眼中可能是无英雄。

是的，但我主要想到的是法兰克福的那件作品（我们还可以回过来讲它），这部作品是把波伊斯和库奈里斯等放在洗衣机里洗，从某种意义上讲，这带有很大的暧昧性，一方面它是参照物，另一方面又是对来源的抹去。事实上还有另外一个问题跟它有关，这显然就是波伊斯在你的作品当中的存在，也就是他经常在你的作品中被引用，你能不能谈一下波伊斯的形象问题？尤其是乌托邦的问题，以及对于今天的你的乌托邦是什么意义，今天我生活在一个后理想主义时代，乌托邦怎样才能够被下定义，艺术怎样改变世界？其实，简而言之，这些都把我引向这个问题，艺术可以改变世界吗？

在中国我就知道波伊斯，但那时，信息还不是很完整，我只能很零星地从这里，从那里知道他。后来我到了欧洲，看到了波伊斯的原作，但那已不是那么重要了，重要的是在一开始我就知道他的存在，以及他所作的事情，这是重要的。有句话说"你是如何开始的，你就知道如何保持"，这是一个起点的问题。从今天的角度看来，波伊斯的形象对于我来说意味着，他是作为一个德国人来表现他自己，（当然不是从狭义上说），在七八十年代这种独特并没有被太多地提出来，而在 90 年代更经常些，这就是关于文化身份的问题。当我把他当作参照系的时候，这个参照系本身变得越来越抽象，因为我越来越难于循他的思想路线前进。但从另外一个意义上讲，正好给我一些启发，我的源头在别处，我只能这样往前走。当然还有一些其他的启发，如抹去来源。是的，上楼的同时拆掉楼梯。我回到在洗衣机里洗的作品上来，我从来也不会洗对我什么也不是的东西，我总是洗对我来说很重要的，正因为它重要，才有洗的必要。再来谈乌托邦的问题，这个问题变得越来越现实，当我们越乌托邦，我们就越现实，我不知道如何更具体地解释这一点，我也不知道艺术是否可以改变世界，我想，大概是世界改变艺术。

更具体地跟你的工作有关，在 90 年代末的今天，你如何看待艺术的政治性？你如何看待你的作品的政治含义？

艺术中的政治性是一剂免于艺术过早衰老的良药，政治对我来说是一个变动不定的现实，一组关系，一个括弧。我把艺术中的形式主义当作衰老的征兆，当然也存在着艺术政治性的形式主义，那是另当别论。我是提倡艺术作品中偶尔而直接的政治性，叫做"偶尔露峥嵘"，偶尔就是时时被召唤回现实之中，直接就是直言不讳。当然我的许多作品，如果有政治含义，那也是隐而不显的。

我的下一个问题是关于时间和"现成品"的讨论有关，现成品是因为我刚才翻了一下你的册页，和90年代我每次看到你的工作，我都提出"现成品"的问题，同时，我看90年代开始工作的其他艺术家，比如Douglas Gordon的电影，Gabriel Orozco的物品的作品，你使用现成品的方式在我看来，更多地与时间有关，而不是与空间更有关系，我们可以不可以称之为"时间的现成品"，在时间中完成的现成品，在这点上我们可以参照杜象，他与某种方式预感到这一点，因为当我看他20年代的作品，有一些杜象思辩的记录，在这些记录中，他提到有二种形式的现成品，一方面是我们把一个物品拿起来并把它置于另外一个空间的现成品，因而就是一种"空间的现成品"，相对于具体处境的差异，一种文本，背景的差异，另一方面有另外一种形式的现成品，它逃避了一种"宠物"的概念，其实，杜象在20年代写的笔记，比如说买一本词典，并划去一些你不喜欢的词，或者买一本词典，划去你所有喜欢的词，其实，这就是我们可以在时间中阅读现成品，你可以谈一下现成品的概念吗?尤其，和你有关的，一个被洗的现成品还是一个现成品吗?

是的，在我的作品里经常会使人联想到现成品的问题，一般来说，我不是在严格意义上使用"现成品"这个概念，而往往是模棱两可的，现成品对我来说，是一个意义不断向外扩展的概念，凡是独立于我，或外在于我而存在的东西，我都把它视为"现成的"，都可以被挪用或借用，它可以是一种形式、一个形象、一句话或一个想法。我可以把现成品这个词拆开：我更侧重于"ready"，而忽略"made"，就是指物品，也通常不是一个简单的移动位置，而是改变、放大、遮蔽、附加……就像你所说的，在时间中阅读现成品，或是本身就是一种时间的现成品，比方说，一些古代的，或中世纪的或近代的某些东西被直接挪用到当代的语境之中，是提醒带来记忆，记忆带来时间。我再来谈洗的作品，洗一本书，但不等于我可以抹去这本书，作为现成品的书是不能被擦掉的。一个被洗的现成品即是又不是现成品，说不是，因为它不能被他人再流通，再使用了，另一方面当我们想到一些旧的书籍回收到工厂，化为纸浆，再制成纸，尔后成为书，重新成为现成品……

我们可以不可以说，在你的作品当中和在西方背景里，"洗"没有同样的含义。关于洗的广告总是说可洗得比白更白，因而这是与某种纯洁性联系在一起的东西，而你的洗是一种毁坏性的，一种不纯的洗。

我想我已讲过这个洗的动作，通过洗我并不想使它更干净，而是相反，使之更脏，我们知道"水至清则无鱼"，因而脏是一种生活的原则，我想这一原则也适合于文化。一个过于干净、纯洁的文化，比如说，一种过于纯的中国化或法国化，那就不是那么有意思了，有意思的是一种异质性的掺合，它带来一种厚度。

再来谈其他几册，其中一个很大的主题是《易经》，第二册的主题，你能不能谈《易经》的以及《易经》在你的作品中的重要性，以及这些必然性和偶然性的问题。

首先，我不是一个《易经》专家，孔子说：五十而治易。似乎我要弄懂《易经》还是太早，我使用《易经》来工作，意味着将一种占卜系统引入艺术之中，用一种机会去切断或打乱，我们多少已经系统化，固定化的思考，这不等于掷骰子的游戏，《易经》是一部天地万物"必然性"的大全，是一部"神告"，虽然它是靠机会获得启示，但它超越了偶然性和必然性的两分法。询问《易经》这就是主动去接受它的影响，这种关系是不可测度的，因为占卜的灵验很大程度上取决于我个人对此信仰的深浅，占卜结果尽管是模棱两可，暗示或寓言性的，但它确实影响了思考的过程，它使我有可能在同一时间内去决断几个不同时间、不同地点、不同主题的展览计划。

这又把我们引到第4册有关的问题，打动我的是1995-1997年所作的一些不同的东西，首先有关地方性和全球性的问题，还有进入空间或穿过（过渡）的问题，因为，这些装置是和一些旅行有关，跟一种实践有关，不是一种工作室的活动，而是旅行的艺术家的实践，从一个展览到另一个展览，从一个地方到另一个地方的艺术家，我想到在东京的"水波"展览，我也想到Münstre的公共性雕塑，为了继续这一问题，你是怎样看地方性和全球性之间的摇摆，为了回到必然性和偶然性，你如何看待全球性的必然？如何看待地方性的必然？你怎么看这种后工作室的活动？不再有工作室了，可以说世界就是工作室，（显然这个问题是和你所提到的身份问题有关，Rem Koolhaas提到过后身份性的城市，而你又提到不可能一种明确定义的身份，就像你刚才所解释的，更像一种不断运动中的身份，我们可以说是一种移动中的身份）。

关于地方性和全球性的问题，我们可以比较19世纪或20世纪初的全球性，那是西方殖民主义带来的明显的强制，是一厢情愿。在20世纪，从亚洲、近东、东欧等地持续不断移向西方的移民潮中，这种移动的地方性却带来另外一种全球性，我更希望谈论这种移动地方性，而全球性的必然总是很难摆脱西方殖民主义历史的阴影。就艺术活动而言，90年代在各地举办的各种名目的国际展览，是在某个地方性中显示全球性，也就是旅行的艺术家带来移动的地方性，这也带来艺术家工作室制度的变化，我们是否可以用艺术家的工作室来象征一种艺术家所代表的地方性，一方面是固定的地方性的消失，另一方面是移动的地方性的产生，按我的说法，叫做"水土随身带"。经常有这种情况，同时要面对着几个不同的建议，几个不同的地方，他们提供完全不同的展览背景，这促使我作大的改变，但同时我又不能逃离自身，我还是我，但地方换了，它产生不同的效果，关于这个反差的问题，就像你提到的那两件作品，这两件作品，都和"佛"有关，在东京叫做"竹佛"（Bambou -Bouddha），在闵斯特（Münstre）叫做"千手观音"（1000 Arms of Guan -Yin）。两件作品在各自完全不同的文化背景下实现，在东京的"竹佛"位于水塔中，很多水管穿过竹佛供水，达到千家万户，当地居民把它当作可礼拜的佛像；相反在闵斯特，这个城市的名字有教堂的含义，城市有很多教堂，我的"千手观音"就放在一个教堂前面，当地的观众对于这种异教的物品却觉得很陌生，也就是说，在一个完全不同的文化背景下又带来完全不同的东西。

我们可否说是一种差异的冲击？为了引用Victor Segalene精彩的说法。

是的，这些差异本来就存在着，我只不过使它变得更明显罢了。

我们可以谈一下在Camden Art Centre的作品中，"大限"和另

**外一个题目:“必须食用在1997年7月1日前”,这两个都有关于香港的回归,提到了有关经济的全球化和全球化的经济。**

这些用碗的形象做的作品,其实也是一些现成品,也就是在19世纪的东印度公司里的一些碗的产品。碗的装饰是当时的人们想象出来的图像:各种殖民帝国的旗帜环绕在碗的四周,在一个东方的背景里显现出太平盛世。我们所作的只是把它放在装有一些以1997年7月1日为食用期限的英国食品的碗上,这影射了香港,因为在香港有一个殖民权力的期限。敞开的大碗好像一个剖开的地球仪的一半,碗的图像和里面的食品、商品,可能使人联想到一种全球化的经济或是经济的全球化。至于期限的问题,我们可以用食品作个比喻:我们定一个日期的期限,但我们并不知道这些食品是从哪一个时刻开始发霉,或者哪一个时刻可被食用……

**这很有意思,这也把我们引到展览上来。对于展览而言,那个绝对的日期,也常常是假的,到了开幕式为止,一切都是可以改变的。比如说,7月7日、3月3日、4月4日,一切都在变化,一旦到了开幕之时,也就都冻结不再移动,而实际上这只是一些程序,在这个意义上都是一些假日期,你这样的一些绝对化的日期,所有这些边界都成为多孔的。**

这是一回事,也就是最重要的并不是事先制定的日期,而是在这之前已经发生的、和在这之后将要发生的,对于食品和对于香港都是如此。

**这对展览业来说是否同样真实?**

是的。

?

**这把我带到最后一个问题,因为在你最后1995-1997年的作品构成的第四册中,打动我们的是动物无处不在,还包括……那些活生生的动物在第三册也有,在第四册中一些实际上不是活的动物,如在Cities on the Move展览在 Secession Vienne,那些乌龟,其实是一些雕塑。你从来不把动物当作一种隐喻的形式,所以我想就隐喻的问题向你提问。我想到Lawrence Weiner在最近一个讨论中说:“一切隐喻的使用都是反动的”!所以他反对隐喻。这些动物是一种非隐喻性的存在。其实乌龟带来了建筑设计,你能否谈谈这一点,以及动物越来越多地占据你近年来的作品,也许可以用一种人类学批评的词语……**

自从1993年以来,我的作品不知不觉地使用了大量动物和与动物有关的形象,一开始这些作品还和一些煽动性的字眼放在一起,如蝗虫、蝎子与“黄祸”,狮子粪、牛骨头与海关牌子“Others”“EC Nationals”,蜘蛛、蝎子、蛇等与“世界剧场”,这些动物都不是单纯作为动物——自然来呈现,而是更多地作为匿名的“演员”,来扮演一些冲突性的场面,我不能否定它有寓意的一面,至于“隐喻”,我们可能在使用这一同样字眼,却说一些完全不同的东西。在一次与Philippe Garcia de la Rosa 的访谈中,我曾经从中文角度谈了“隐喻”一词,我把隐喻理解为一个意义不断被替换和扩展的过程,以及一种既隐藏又告知的矛盾的表达方式。我不喜欢作品的意义或解释被限定,哪怕是陷入误解或歧义之中。当然我除了使用一些活的动物,还使用了其它动物形象,如昆虫标本(《终点站》1996),药物中的动物(《药房》1995),水泥动物雕塑(《科尼街》1994)、以及你提到的在维也纳的作品,18、19世纪中国动物铜器(《桥》1996),动物的皮毛(《羊祸》1997),而这些动物的场所往往又选择人群聚集的公共场所,如一条路(科尼街),微型的斗兽场(世界剧场),桥和飞机场(终点站)。这种动物性(animality)的展示是为了来对照人性,是为了换一种观点,从动物的观点来看世界,而不是从人的观点,当然还涉及其它,如宠物概念,动物的身份等等。这些作品的展示也带来一些问题,如在鹿特丹的Manifesta 的作品,他们不同意,没有接受,随后在柏林Kunstlerhaus Bethanien展出,他们接受了,但他们不同意我把蜘蛛和其它动物放在一起……

**在鹿特丹,是一个反动的,自然历史博物馆馆长毁了这个作品,他说这件作品违背了“荷兰的人道精神”。**

是的,那封馆长的信,以及我的回答都放在第四册里,这种情况的发生已是第二次,而第一次是在巴黎,1994年在展览“边界之外”,在蓬皮杜文化中心。由于动物保护协会的反对,警察局的干预,开幕前有少数动物保护协会的人示威,当然,作品是空着展示,在整个过程中,我一直保持沉默,对此也没有感到吃惊,我从来没有把西方社会看作是自由的乐园,也不相信存在着一个完全自由的社会。未能展示也是一种展示的方式,它可提出一些问题:关于艺术家的自由、博物馆的角色、禁止、权力和政治等等。

# 你要随时停下来,警惕一种彻底性

黄永砯与邱志杰

2000.10

**你曾在一篇手稿里说过,谈话的情形比较像呕吐,那我们现在开始一场呕吐吧。**

谈话有时谈得多些,有时谈得少些。

**有随机性?**

……不是随机性,有时你打开一个话题,然后思路畅通,其实平时你也思考过这些话题,只是没有找到一个合适的表达形式,而这时候它出来了;但有时它出来又转身而去,门又关上。上次有个谈话后来我做了整个修改,因为它几乎是答非所问……

**我对你的作品比较了解,比较早就看过你的作品。1986年在厦门市群艺馆的第一次“厦门达达”展览,我就看过现场,最近又在巴黎市立现代美术馆的展览“那就是,脑中世界”中看到你最新的作品。**

这跟看照片不太一样。

**你最新的作品和最早的作品我都看过现场,不管当时还是现**

**在，看起来都还是非常激进的，现在我想问你第一个问题，你为什么选择在巴黎定居，在巴黎定居对你的创作状态有没有明显的影响？**

如果说选择，选择就是事先有个思考，有个目的，但生活中经常并不是由我们选择，说我们想到哪里就到哪里。很多人都在问这个问题，在外国，他们也经常问，他们说为什么你不选择纽约呢，因为在他们看来，纽约或许比巴黎更应该去。因为二战以后，巴黎基本上不再占据特殊的位置，它更像一个国际大都市的乡村。如果说选择，我们为什么不选择"乡村"，从"农村包围城市"的策略上说。其实这是个机会问题，1989 年我受法国蓬皮杜文化中心的邀请，参加"大地魔术师"展览，后来我就留在巴黎，是机会先于选择。

**逃避选择？**

这是一个随遇而安的办法。

**但是这样一种命一样的东西，你认为对你的创作是形成非常大的影响？还是并没有从根本上改变你创作的主要思路？**

首先，我不是在巴黎起步的，我的整个方法的形成、路径方向主要还是在中国形成的，我并没有太多改变，当然事情总在变化，但这跟你到法国求学，接受教育，形成思想有区别，当时我已经 35 岁，世界观已经形成，很难改变。

**那么你觉得发生改变的部分是哪一些呢的？**

一个是思想方向，一个是表达方式……但如果你继续追问说有哪些改变，形式上有什么不同，可能就涉及到一些具体的作品，有些东西会在等一下的谈话中展开。

**那我们实际上直接就可以开始来谈作品了，我注意到你的作品总是有一个假想敌，你的作品一直是否定性的，在中国否定某种东西，在法国也是否定某种东西。那么我可以不可以这么想，在中国你否定的东西一个是自我的概念，一个是语言，比如说纸张文化，或者用一个更大的词：理性的概念。实际上它们是联系在一起的，因为自我是通过语言运作变成一种理性的自我塑造，最后它又通过纸张和书本形式变成一个文化事实。比如说你用转盘来代替自己的选择，转盘可以说是一种非理性的工具，用来取消自我的理性选择，从转盘到洗衣机，这是非常独特的思想方式，二者在造型上有运转方式的某种相似性。**

你刚说到的自我问题，这不能离开当时的氛围，80 年代，中国刚兴起一个当代艺术的背景，这一兴起，像"农民起义"一样，山头林立，艺术家的"自我"刚刚被发现，这是一种谋取某些东西，改变境遇的手段，并可以通过艺术家的不同个性来实现。我把这些当做一种"幻觉"，而社会在某些方面助长这种幻觉，特别是通过媒介，我是保持警惕，但批判自我意识的作品，很矛盾地，反过来又可能增长这种幻觉。在当时国内所谓新潮美术里，厦门达达是比较激进，但这种激进与 1989 年 2 月展览，已经有一定距离。一些人显得要超越这种激进，他们觉得艺术家有责任去比试，艺术变成一个舞台，一个擂台，一直到现在还有这种意识。我最近看到一篇短文，谈到一个艺术家用自杀的办法结束生命。为艺术而献身，我觉得是个幻觉，我对这种东西是抵制的。从 1989 年 2 月展览的准备，我就有意慢慢地从这个打擂台的状态下撤出来。当时厦门达达的计划叫做"躲避美术馆"，这个"美术馆"的影响是无所不在，尤其在我们的想像中，"躲避"就是主动撤出你的影响。

**这段回忆跟你在国外工作比，假想敌就要具体得多，它所针对的是当时前卫艺术界里面自我意识恶性膨胀的比拼局面，可是这好像是新潮后期的一个反思，在新潮前期你的个人工作好像更多的是从自己受教化的经验出发，它是不是有禅宗的影响，有一个怀疑论在里面，对理性主义、自我作为统一体的怀疑？**

是有一种怀疑的倾向，一直保留在我所有的工作中。当时，宋代禅宗文集《五灯会元》刚刚重印，可以说我是通过禅宗发现达达，或是相反。我在它们之间找到一些共同点，甚至，我把"达达"与"禅宗"看做是一种同义反复。这种怀疑论使那些空洞的大理论靠一边，只剩下"这个""那个"……

**那么，当你发生怀疑时，你借助一种工具，比如说转盘这样一种赌具，来帮助自己做出选择，来逃避责任，你有一套系统的方法来贯彻这种怀疑，那么后来你又用什么方法，好像在"飞鸟遗之音"那件作品里，你用《易经》来决定作品的意向；在另一手稿里，我注意到你用转盘来决定作品的价格。现在你还使用这些控制自己的办法吗？**

转盘的方法是和偶然性、概率相联系，和"洗衣机搅拌"一样，是对语言文字系统的不信任和破坏，我称之为"断舌"；而《易经》是另外一种思想体系，在制作作品时，我常依靠它，我把它称之为"养舌"。

**断舌这个概念比较容易理解，就是不立文字的传统，反对解释，越说越糊涂，养舌比较不好理解。**

为什么一边在消解传统，一边在依靠另外一些传统，这是很矛盾的，"断舌"和"养舌"就是重新建立一种两条腿走路的思想方式，或者说有两条船，两种可能性，任何事情都处在两形（两行）之中，不是单形（单行），要从根本上考虑这种平行性，完全的断舌是不可能的……

**所以完全的达达是不可能的。**

不可能，也不存在。只能有一个地方性的达达，暂时性的达达，这里可以引申出另外的问题。关于彻底性，这些都是相关的，最后总要扯到这上头去，言谈是一个复杂的过程。

**我发现我们今天的言谈有一个奇怪的特点，就是一直对言谈充满自觉，充满警惕，所谓"真正"的谈话，一边在表演，一边在监视和谈论我们的谈论，这是一种后现代或者是精神病……**

这是分裂症。

**就是一种自我观照，不断地从自己角色中退出来，站在观众的角度来看你自己所谈出来的话。**

走路的时候你要随时停下来，也许你可能继续往前走，也可能往左拐，或往右拐，或是准备往回走，你一停顿就有怀疑的意向出来，不像有些人一直闷头往前走。

**世上有两种人，一种人他定一个目标，选择最快的交通工具到那里，然而他对窗外的东西视而不见；另一种人只是猜测性地定一个目标，他乱走，中间不时地跳下车，最后他可能死在路上，也可能无意中发现“宝藏”……**

**我们把“养舌”问题讲得具体一点。**

说到《易经》，当然还有其他的，比如说“方术”类的东西，这些系统不是我们自己创造的，它们有很长的渊源，我花许多精力去学习《易经》，就是说尽可能避免只是去使用那几根短的、几根长的符号，它的日常意象的征兆性，能指和所指的滑动，歧义性，在场占卜和不在场被占卜之物在时间上的同时性，等等，这些都使我感兴趣，我把《易经》当做一种“神告”。你前面提到的“飞鸟遗之音”，那是一件 1991 在德国法兰克福做的作品，名叫《我们还要建立一个大教堂吗？》在考虑展览计划之前我用《易经》做了占卜，得“小过之豫”卦，其中有卦辞“飞鸟遗之音”，它引导我重现一场 1986 年欧洲著名艺术家 Beuys、Kounellis、Kiefer、Cucchi 的讨论会“遗迹”：一张桌子和几个橙子，上面放着 1988 年出版的那次谈话的文集，当然它们通过搅拌已成为纸浆，这件作品“断舌”和“养舌”的方式同时被使用。1992 年我将使用过的各种各样占卜工具，集中在一个大帐蓬里，把这个“占卜者之屋”变成艺术家的工作室。一本朱熹注的《周易》，我外出旅行或坐飞机总是带着它，这本薄书正变成一个“法器”，可以随身携带。我坐过以色列的飞机，很多犹太人一上飞机，就把小帽子带上，再用头巾包起来，掏出袖珍经文低声诵读，他们可能觉得坐飞机是一种危险的事，这样可以获得一种保护，而我觉得《易经》就在我的某个角落，它离我不太远，这就够了。

**这等于强调了《易经》这样一种精神系统对你的现实生活的重要性，不仅对于创作，你刚才说的另一个系统是方术，当然可能还有别的。**

《易经》自古就是一种占卜的方术，当然还有其他杂术，如炼丹、风水、符咒、医药等等，这些都在我的“养舌”之内。1990 年法国南部圣维多的森林火灾，我在那个现场附近做了一个作品叫《火祭》，目的用一种和西方不同的方式来“克火”，用阴阳五行术中相生相克的方法去安排我的装置，中间有个 95 米长，45 米宽的“入山大符”。另一个辟邪符号我用在 1991 年在巴黎的另一件作品，在一个废弃的儿童医院我使用了三个验尸台，对这些“不祥之物”，我立了一面辟邪符咒的旗帜，来“保护”制作的这件作品和观看这件作品。

**刚才你说到的养舌问题，让我想到中国传统思想里面的灵活成分，中国以前的知识分子，甚至最普通的中国人，他们其实并不特别固执地皈依一种价值体系，他们会在各种甚至相互矛盾的价值体系之间交替地选择使用，以解决当下问题。这在某种意义上成为某种反对本质论的策略，就是不把自己跟某个系统进行认同，在使用它的同时怀疑它。又向它敞开，那受不受它的影响？**

会受它的影响，因为你不受它的影响你就不是在使用它，你就没有借助到它真正的力量，只是一个表面形式而已，你要丧失一些东西，改变某些东西，你才能够进去。

**这就很有意思了，当你做一个选择，我们会发现，从《易经》也好，从洗衣机的搅拌也好，其实你一直在这几个东西之间，比如说搅拌、转盘、炼丹、老子，你在这几个之间找关系，这跟中国的神秘主义有关。刚才你也说到方术是你一个重要的思想资源，那么另一方面断舌其实也是一条神秘主义的思路。我注意到在你的手稿里有关“意念”的一段话，“创作开始做什么是不知道的，制作过程是神秘的，然后开始谈论作品是更大的神秘，以后别人把这种神秘越搞越……以后完全走形”，结果这个做作品的过程真的跟炼丹一样，会不会很自然地得到这一结论？**

炼丹是什么？炼丹也许就是目的和结果相背离，起点和终点相一致。

**我所谈到你在国外的这部分工作，其实也包括对体制的思考，或是对权力的思考，那么通过观察你所有的作品，我觉得关于权力的问题还有两种不同的方式，一种是描述性的，名词性的；一种是攻击性的，动词性的，前者是权力关系的描述，可我发现越到近期的东西，它就越带有一种攻击性，就是说在工作方法上，对他们那个体制来说，你就是创造一种不祥之物，创造一种让人焦虑的、没法去说的东西。后一种方式可能是更主动的，像游击战一样的策略，你会犯禁，比如说用动物的材料；再有就是你去钩沉那些阴暗的历史，就事论事地对一些历史记忆进行评述，比如说关于东印度公司的碗、茶叶箱，还有美国早期华人的手洗衣店，像这样的，对权力有这样几种处理方式，那我现在想提的问题是其间有没有时间上的变化？或者这几种工作方式之间有没有转变的过程？**

这涉及到十年来的工作，比较复杂，我是习惯于同时使用几种不同的工作方式，这种思路有点像阿根廷作家博尔赫斯一篇侦探小说的书名，叫做《交叉小径的花园》。路径交叉就是没有时间的顺序，没有时间和空间的对位关系。1994 年在纽约新当代美术馆的计划《中国手洗衣店》，一开始的构想是在开幕那天抢购苏荷区报亭当天的《纽约时报》（因为美术馆就在苏荷区），让附近的人买不到当天报纸，让这些报纸集中在美术馆通过洗衣机搅拌。但我很快改变了主意，挂一块从纽约华人历史博物馆借来的旧牌子（“中国手洗衣店”），里面却是美国的自动洗车装置，一些转动的大刷子。“洗衣机搅拌”的延续性思路骤然而止，让位给地点的偶然性，我开始更多地使用当地的资源。当然，“断舌”并不是停止在 1994 年，1993 年我已经在英国的格拉斯哥和牛津两地开始使用动物的材料，这些动物后来扮演越来越重要的角色。在格拉斯哥 CCA 的计划，我使用两块当地飞机场的海关灯箱“EC Nationals”、“Others”，它们和“中国手洗衣店”的招牌使用确实是描述性的、名词性的，但它们和那些笼子里装着狮子粪便和吃剩下的骨头，与那些带旋风的洗车刷子放在一起，就变得主动和有攻击性。

**后来政治意味就越来越明显，哲学意味越来越淡，我觉得 90 年代前期还是很哲学的，你在“大地魔术师”展览里建的那个坟，当然对他们来说，可能是不祥的。**

是一个墓。当时很奇怪地有一种具体的形象出来，一个造型……

**在国内好像你是不重造型，说到造型，我们先退开，然后再回来。你那手稿讲到"搅拌"时，用了一个词，就是"不可阅读的湿性的触目"。触目，在你国内的作品里并不太追求，就你今天而言，是不是除了内在思路的延续，手段上的挖掘，纯粹感官的东西，如触目，现场气氛，刺激是不是很重要？**

我觉得相当重要。因为我们不是写一篇哲学或社会学的文章。一篇文章与环境相比，它完全是被动的，它需要读者，只有你去读它，它才会影响你，你把它拿去垫锅，它就不发生作用。当时艺术中大量使用装置的方式，就是去获得这种主动性，我的许多作品喜欢选择在入口处，放在过道上，因为你必须经过，你不碰它，它要碰你，它造成一种触目性。

**其实不光是触"目"，还有触及，因为你在意大利做的400公斤米饭，有味觉嗅觉。别的还有听觉，如东京"水波"展览中水塔中的竹佛有风铃声，在《世界剧场》中有蟋蟀声，所以这是一个肯定的答案。回到"造型"这个问题，出现了一个墓，我记得你把坟墓叫做《爬行物》。我刚才讲的那个不祥之物是指这个坟墓，包括龟的形，这种形象对他们来说是异样的，外来的"他者"，一个他者造型。**

1989年当我去巴黎参加展览时，西方艺术界还比较规范，几十年抽象艺术和观念艺术已经把观众和艺术界的口味培养成细腻的、干净的、纯粹的，他们还不能习惯这种来自异国的、带有象征意味的造型。也许当我在西方展出一个中国坟墓时，同时带去了一种阴沉的不祥之气，但也许他们根本没有察觉，因为巴黎的墓地就是建在居民点之中。所以问题不是坟墓与死亡的意向相关，而是坟墓和龟形相关，它变成一个"爬行物"。1994年我在荷兰科勒慕勒美术馆的作品《翻过来的坟墓》，那是一个用32吨钢筋水泥浇筑的龟形坟墓，当时已经没有1989年《爬行物》那样用洗衣机搅拌报纸多层混杂的文化含义，它仅是一个单纯的坟墓，只是被翻过来，但并不因此变成一个"吉祥之物"，因为这个造型对当地人来说，仍然是异物，不可思议，像一个"飞行器"，或是一个奇怪的"路障"。

**在你的手稿里，你多次提到"不祥之物"一词，它使我想到你最近的一件作品，去年在第48届威尼斯双年展，你是代表法国国家馆的两位艺术家之一，那件作品你聚一些"不祥之兆"，那些在《山海经》提到的，像大水、大旱、大疫、大兵等等的动物，被铸成铝的造型，降临在法国馆上空，你能不能谈一下这件作品？**

那件作品名叫《一人九兽》，我立了九根大木柱，高度分别在7米到15米，由高而低地从法国馆馆内沿伸到馆外，那九只动物如沿木柱台阶而下，前面有一小铜人立在指南车上，好像在导引这群怪兽的到来……这件作品是为法国馆而作，但并不是特指法国馆。这群异国动物在空中盘旋，法国馆只是被选中的着陆点，因为它们正对着对面的德国馆俯冲，但这同时也是在意大利上空和地盘上（在意大利威尼斯双年展国家馆花园里）。这件作品的含义是要超越国界，这是个寓言。这些动物和排列方式同时是萨满式，这个计划是一次武断的行动、一阵穿堂风，一个连续而短暂的咒语。

**在你这样做的时候，当然也取得了很大成功，但就你个人而言，是不是感觉到交流的障碍，由于你使用这么独特的资源？**

我们看西方的东西也是这样，你能看懂杜尚的作品吗？

**那你就是放弃所谓完美的交流，满足于这种误解式的交流？**

误解的交流自然是比较可行，我们很难真正了解不同文化的作品，其用法的微妙和内在的隐喻，有时候你俩说你看懂了，你喜欢，但其实这是两回事。从另外一个角度说，我们说了解一件作品，其实是我们投射给它，你给我写一篇文章，其实是你在说自己，如果这个观点可以成立的话，所有交流都是自为的形式。

**他们不懂"雄黄"和"朱砂"等东西，对你的创作毫无影响？**

我觉得是没有影响。

**就像我知道你做的那个坟墓是厦门的坟墓，可是一个北京的艺术家或观众他们并不知道这是什么东西，这个差异仍然存在。**

就是在同一种文化背景中，比方说"雄黄"，并不是很多人知道，可能有人还会认为这个"黄"字是不是跟你姓黄有关。

**"雄"是因为你是男的。**

有可能存在语言的双关语。不是所有的人都知道这是一种矿物质，就是搞化学的，他也很难了解"雄黄"在我作品里的含义：微臭、有毒、辟邪、攘恶，一种变化之药。差异是无所不在的，你不能要求人跟你一样，也没这个必要，所以存在着多种对作品的解释，开放的解释，甚至跟你的原意完全相反，这是扩大作品的一种办法。

**前面曾经提到过，因为你是一个"他者"，你有没有主动地有意识地去犯禁，比如说使用动物的时候，因为这明显要触及西方的动物保护。**

我第一次使用动物作为材料，是在1993年英国牛津现代艺术博物馆，我使用了1000只蝗虫和3只蝎子，这件作品并没有犯禁，因为他们是用蝗虫来喂蝎子的。我既没有想去主动犯禁，也没有想去回避。我用了一个标题《黄祸》去扩展这件作品的含义，选择蝗虫是因为"蝗祸"在中文里与"黄祸"谐音，而"黄祸"既是指历史上西方对东方宗教入侵之恐惧，又同时来指今天，当时刚兴起的中国当代艺术热。选择蝎子是因为它是虫类强权，它们是作为隐喻来使用。类似的想法在作品《世界剧场》中得到发展，其实它是个大桌子，上面覆盖龟壳状大网，周边有24个小抽屉，用来放蜘蛛、蝎子、甲壳虫、蟋蟀等等，中间是一个敞开的空间，整个形式像一个封闭的古罗马斗兽场，我把它和中国民间巫教养虫传统混在一起。这件作品在1994年巴黎蓬皮杜文化中心一个展览 "边界之外"（艺术与生活1952/1994）中，由于动物保护协会反对，警察局干涉，最后只能展出一个空壳子，在整个过程中，我既没有坚持，也没有反对，我觉得这也是一种展示的方式。1996年我在荷兰鹿特丹自然历史博物馆见到他们收藏很多昆虫标本，于是产生了《终点站》的计划，那是一个外形像阿姆斯特丹飞机场模型，我希望把活的昆虫和昆虫标本放在这个"终点站"。但此计划受到自然博物馆馆长的拒绝，他说这件作品违背了"荷兰的人道主义精神"，这一次我回信做了反驳，我说各种虫放在一起，是隐喻自然混沌的总体性，就是其中发生一个吃另一个，也是显示自然无区别、无目的和非道德属性，为的是对比人类中心主义的人道观，我唱反调说，应该从“虫”的观点，而不是“人”的观点，应该讨论“虫道”而不是“人道”。当然，这两件作品在后来几年里也曾在巴黎和柏林不同程度地实现过，在巴黎是通过动物专家鉴定合法，因为那些放在作品里的昆虫都不是法国本土的；在柏林，他们说德国法律规定蜘蛛和蝎子不能放在一起，只能分开或择一而用……

**对你来说是一不小心都会犯禁，根本不用主动去犯禁，这种权力关系根本用不着你主动出击，就到处显示出它的存在。**

还有一些是跟地点相关，比如说在纽约做展览，关于华人手洗衣店，还有旧金山，关于唐人街的一条街名，这些跟排华法案那段历史有关，但现在美国社会里人们对此了解并不多。

**所以说是钩沉。**

是的，或说是诱钓。你提问，我回答，你抛出诱饵，勾出某个回忆、某句话、某种思想，用不同的鱼饵钓不同的鱼。我觉得，作品类似鱼饵，它是可替换的、临时的、有形式的、感官的，应该是吸引人的，像旧金山那块街牌“科尼街”，引出一串街的设施：邮筒、交通信号灯，并由此产生一条遍地都是乌龟的“街”。鱼是活的，观众是鱼，他们会提问题，于是就钩钓出一些主题，历史对于今日现实生活来说，它是鲜活的，这不是沉默于水下，而漂浮在水面。过去那些种族歧视、帝国主义、殖民主义都是与现今世界紧密相关的。

**我想起你以前和我说过的，你在马蒂斯的画里看到殖民主义。**

这是很奇怪的经验，我以前并不关心马蒂斯的画。有一次我在巴黎地铁里看到一张他的展览广告，一张他在阿尔及利亚旅行写生的工作照片，戴着一顶太阳帽……

**那种典型的殖民时代的帽子。**

是的，如果我们了解法国和阿尔及利亚的关系，在那个年代，必然都会带有这种痕迹，只不过是我们把它忘了，我们今天看到马蒂斯的画，我们只看到它的形式。

**那么你觉得像这样一个语境在多大程度上决定了，比如在他的画里，我们称之为安乐椅的，包括那些让我们赏心悦目的色彩，其实也能够从中看出殖民主义的意味。**

要考虑到没有普遍的安乐椅，只有一部分人的安乐椅，这个安乐椅是给谁坐的，谁能领会这个安乐椅，这些都是被划分的。所以你不能在另外的语境下，在不同的政治背景里，来接受只有局部意义的东西，这里也提出一些美学的问题。

**钩沉，就事论事，实际上是在谈论一些政治性的东西。**

我们很难摆脱，而且越来越难以摆脱政治。

**我觉得这跟遗忘这个概念有关。你说我们会忘掉它的，是指什么。**

遗忘跟遗产有关，在讨论“后殖民性”时，有人（如斯皮瓦克）把它称之为帝国主义的遗产，遗忘和遗产都存在一种所谓的自然性，我举“博物馆”为例，博物馆这一系统就是保存下这些遗产并使之便于遗忘，那遗忘什么呢，遗忘它的来源。博物馆是个西方的特殊产物，城市无论大小，总有博物馆而且都在市中心，博物馆经常是历史和自然混合在一起，除了当地的，总有一些非洲的、亚洲的、澳洲的东西，博物馆是个缩小的世界，这就是帝国主义的遗产。我常自问：这些外来的东西是怎么来的？举一例子，就是英国的乔治五世，他很喜欢打猎，他在尼泊尔等地打过很多次。最近我偶尔在英国一小城 Bristol 的博物馆看到一只虎的标本，上面注明是 1911 年乔治五世射的，后来他把这只虎捐献给博物馆，在一段说明的最后一句话说，在尼泊尔这种虎已经受到保护。这是西方宣扬的一种文明，他们现在反对猎虎，但这是一个自相矛盾的问题，问题是博物馆是无罪的，而且变成一个“洗钱”的场所，你把以前无论用什么手段得到的东西，现在都捐给博物馆，什么都可以在里面展览，面对公众，是慈善事业，而且以文化和人类学的名义，被保护起来，这样暴力就消失了，变成日常生活中被遗忘的东西，或者说被洗干净。所以重提这些，是重新让它脏掉。

**我觉得你现在所做的东西已经不再满足于造型艺术了，在做一个殖民主义的图象史，又是一个游击的工作方式，而且不是阵地战，因为你所评注的东西是东一枪西一枪的。这种评注方式是因为认识到个人无力，还是一种有意的策略？**

我只是多次地挪用了那顶太阳帽的形象，它并不是用来给我的作品主题戴上关于殖民主义或后殖民主义的帽子，不要给某些东西戴帽子，只是去使用它，展示它，1997 年初，我在英国伦敦坎普登艺术中心所做的大碗，提到了英国东印度公司的装饰图样。凑巧 1997 年底，我在荷兰阿姆斯特丹德阿普基金会使用了荷兰东印度公司的标志徽章，它们曾出现在当时贸易往来的茶叶箱和加农炮上。同年 7 月 1 日，英国撤出了它在亚洲的最后一块殖民地，那件《大限》三个大碗的作品是和这件事相关的。我是想问，殖民主义这个饭碗是不是真的结束了？不管怎么说，这只碗是留下来，在博物馆里，还有那些徽章标志，这些都是一些零枪散打，所以也不需要去系统地作其图象史。

**我想可能有另外一面，就是如果我们去建立一个体系，去清理几百年来的殖民主义历史，可能我们这个体系跟殖民主义体系会有某种相似性，虽然立场不一样，但风格上有其相似性，而游击队的方式也许保留了一种中国方式，你同意吗？**

那是一种比较切合实际的方式，哪个地方都不是我要呆的，都是借个地盘，临时地打一枪换一个地方，从中积累经验，换血和获得生存资料。

**我想问，当很多中国当代艺术作品在国际艺术舞台上出现，它可能不可能形成一种形式上、语言上或工作方法上的中国方式？不光在题材上，比方说，一个中国艺术家他可以把 30 个雷锋像并置，但用的还是安迪·沃霍的方法。或者你自己有没有做这方面的努力，建立这样一种工作方式？**

如果要建立一种中国式的语言，那什么是世界式的语言。

**所谓世界式的语言其实是欧美式语言。**

对，欧美式语言是存在的，我们今天说到的当代艺术，基本上整个方式是他们的方式，我们正在使用它，但用它的同时也在改造它。

**你如果肯定欧美语言是存在的，第二，我们都有这样的自觉，知道它不可能是一个世界性的语言。实际上关于中国式的东西是否存在应该是肯定的，那就不光是同一样的瓶子装各种各样水的问题，而是要有另一种瓶子。**

你刚才举的“雷锋像”的例子，30个雷锋像并置的安迪·沃霍方法，恰好取消了其内容或主题的特殊性。如果你想到雷锋当时是被电线杆倒下压死的，或是想到早先杭州“雷峰塔”之倒塌，你会觉得安迪·沃霍的方法不能用在“雷锋像”这个意象上，你得另找表达方式。我的意思是说，几乎没有一个现成的方法可供我们使用。每一次不小心的使用都只是重现“他”，而不是显现“我”。一种当代艺术的中国方式，如果有，那也是自然而然产生，也许它正形成在路上，它还需要时间。

**我觉得你在90年代后期的工作，从文化的思考到政治的思考，这种变化，带来风格上的变化，进入一种形而下的、评注式的工作，其实这反而更像传统的文学批评的方式，随处说两句，就事论事，在事件的旁边写写注注，做做眉批。像脂砚斋，他不去再写一本《红楼梦》，只是在旁边做批注，这个我想在西方是比较少见的，我们根据“机”来做，谈“机”这个概念，这个机是机会的机，机是时间或地点对人的意义，根据这种东西产生一种反映。**

这个“机”就是地点的变换和旅行带来的，各种展览、各种主题、各地背景都带来不同的机会。你顺从它的引导，在东京，你选择水塔做一个《竹佛》来对应“水波”的展览；在明斯特（德文的含义是教堂）你做一个《千手观音》；在另一个展览你会见一个巫师，你和他合开一个《诊所》；在马赛，你可以利用当时恐怖爆炸事件，做一个《三步九迹》；在巴黎，你可以把疯牛病变为《羊祸》。这就是位移，扩展并在其中建立起自己的方法。说到“眉批”，我又想到博尔赫斯，当他看到一本布满用小楷朱批的“中国大百科全书”时，他惊叹不已，他称这些为“豹文”。那些由我们祖辈、父辈遗留下的线装本，“眉批”使之“提神”。如果说这是一种“眉批”的工作方式的话，当看这些作品时，你必须同时去阅读那本大书——变动的背景、现实生活和历史话语。

**最后一个问题，关于国际艺坛的中国热。你觉得是不是存在中国热？如果存在，你是怎么看的？**

是个幻觉，从80年代末到90年代，西方确实经历了一个对非西方艺术的开放，不单是对中国当代艺术，还包括前苏联、非洲、南美、亚洲其他地区等等，这是充实和活跃他们自己的一个办法，我们谈论这些，要了解这个大背景。这种现象，时而高涨，时而退缩，只不过你正好处在它出现的时候，这是一个机会，你可以去利用它，但并不能说明什么问题。从另一个角度说，就是你参加很多展览，它也不构成对你的艺术的判断，即使偶然出现在所谓的艺术史册上。不要把别人的判断当做一个持久的判断，这些都是暂时的。如果说，历史性经常是跟临时性在一起，这也许对我们是个启发。

**因为很多人工作信念需要幻觉，不是每个人都能够给自己建构一套工作理由和工作方法，有一些幻觉会培养出投机分子，投机分子也未必做不出好东西。有时候是这样，它变成一种完全无法控制的运动。**

不存在投机，而是说我们不要依据一些惯例去判断，以避免彻底性。彻底性就像一开始我们说的打擂台，艺术越来越像打擂台，特别是所谓的“大展”，这是很恐怖的。

**第一把就要搞定观众，要不你就完了。**

禅宗有个故事，说两个禅师在参禅，他们定了一个斗输不斗赢的规矩。首先，一个说我是你的肠中食；另一个说，我是你的肠中粪；一个说，我是你的粪中蛆……一个比一个退。

**可是他们还是在追求赢。**

他们是在赢“输”。我们可以换个角度来看这个问题，慢慢大家会产生一种比较平和的心态来谈论问题，从事艺术。

## 切一架飞机如同切一条面包

黄永砯与 Alberte Grynpas Ngnyen

2001.10

**在这次深圳的展览中，您为什么选择复制美国的侦察机？这架飞机几个月前被中国拦截，并被拆卸后遣返美国。**

也许是个机缘，5月29日当我乘飞机从巴黎到上海，此行正是为了去深圳“雕塑”展览看场地，在机上的一份中文报纸，我看到了一个简短的新闻和一个醒目的标题“EP-3打包回去！”正是那天中美双方达成协议将美机EP-3拆解由另一架“A-124”运输机运回美国。当然从4月的撞机事件以来，我一直关心这一事态的发展，正是这些信息跟着我察看了展览场地，当然，深圳和那架飞机降落地海南岛也很近。

**这个事件引起了媒体和公众极大的关注，在未来的几个月、几年及至2003年（展览结束的日期），围绕着这件事情的现实意义将如何被人们感知？**

这架飞机在7月初美国人就把它拆解离开中国，轰动一时的新闻事件就此了结，但我把它留下来，留下它的“尾巴”，这件事有一个未能抛掉的尾巴。所有的政治事件都有易于忘却的，因为政治总是暂时性的，局势在变动，忘却是为了利于新的变动。我们在谈论政治时就像在谈论艺术，同样，我们在谈论艺术时总是在谈论政治，但艺术不是政治，它试图和时间作对，让一个不该留下的东西，留在那里，至2003年，甚至更久。

**时间有能力把一件有时效性的事件变成一个象征性的画面吗？**

**或者说时间只是用来嘲讽和游戏的一个简单的对象?**

时间确实是产生多种意义的转换器。一件雕塑放在那里若干年,新的变成旧的,陌生变成熟悉的;或者相反,熟悉变成陌生。原来和那件新闻相关的记忆不再显现,这些飞机的断片将成为被嘲讽的物品,是的,无论如何,时间将嘲讽一切。

**您通过这件 EP-3 的复制品的装置,希望向深圳的观众提示什么样的意义呢?**

这个装置将那架美国飞机分成三段放在那里,从表面上看,像一个嘲讽似的模仿,或是一个新闻事件的影子,但从中却折射出一个征兆,一个对当下全球化和"美国主义"盛行的反调,这件作品明白地放在那里,观众将有他们自己的看法。

**这架迫降的飞机,装有强大的高科技的设备,被您一块块地展出,这对您有什么象征性的价值吗?**

在我看来,这些被拆解,或是被截断的飞机更能象征权力和高科技。这不是权力衰败和高科技无效的表现,而是权力鼎盛,高科技前途无量时产生的征兆。因为权力鼎盛总是和它的衰败连在一起,高科技万能总是和它的无能分不开。

**除了将它作为一次事件看待以外,我们还可以怎样解释这架变成碎块的飞机的展览?**

如果这架美国侦察机被修好堂而皇之地飞回美国,那是件很平常而乏味的结局。当一架飞机被拆解由另一架飞机代飞,这一过程在我看来,本身就是一件"作品",实际生活常常有成为"作品"的机缘,但我们必须耐心等待,"拆解"是重要的,就像权力自身被拆解。这架飞机被美国人拆解是结构性、理性拆解,我的拆解方式是非结构性的和非理性的,切一架飞机如同切一条面包。

**您是否总是根据邀请您前往的地点而创作一件特别的作品?**

是的,我的许多作品都是和"地点性"有关。所谓"地点性",广义地说是地点的文化和历史;狭义地说是地点的空间形势,但经常是场地空间和它的人文历史不可分割。一件作品和它的场地有机地结合,可以借景、借力。让背景自己说话,这就是"就地创作"的概念。但创作的观念从来是变动不居的,地点有时也不重要,像在深圳这个生态公园本身并没有给我什么想像,倒是周边的"华侨城"和"欢乐谷",那些被缩小的旅游景观,让我们可以思考和提出一些问题,一个等大的长城和一个被微缩的长城有什么不一样?还有,一架抽象的飞机模型和一个带着国际政治敏感的"真实"侦察机有什么不一样?我的意思是,深圳的华侨城除了"欢乐"意味的旅游景观外,还得留驻现实世界中暴力的"瘟神"。

## 艺术需要"安全"吗?我宁可选择"冒险"

黄永砯与黄专、严善錞

2001.11

**我想我们今天可以围绕你为参加"被移植的现场——第四届深圳当代雕塑艺术展"提供的方案"蝙蝠计划",谈论一个有意思的话题:国际政治问题与当代艺术问题的关系。在你过去的作品中就有许多涉及国际政治题材的,如在耶路撒冷的"苏丹池塘"做的"驼背上的计划",还有在美国俄亥俄州做的"人蛇计划"。您还是先介绍一下"驼背上的计划"和"人蛇计划"与这一次参展作品在题材选择上有什么相同的地方?这些作品对你而言,是想表明你的政治态度呢?还是在描述一个历史事实?**

"人蛇计划"和"在耶路撒冷"的作品还是有很大差别的。在1994–1996年之间,我有三个相关的计划,分别在美国纽约、旧金山和俄亥俄。在纽约的新美术馆,我借了一块世纪初旧招牌"中国手洗衣店",这块旧招牌只不过是用来"挂羊头卖狗肉"。"中国手洗衣店"的内部却是一个美国现代自动洗车装置。这件作品安排了一个顺序,从"手洗衣"到"洗车"到"洗人",因为观众必须穿过这个通道。在旧金山的卡普基金会的计划,则是从当地华人街上发现一块街牌"Kearny Street",这个街名偶然与世纪初"排华法案"的头领名字"Denning Kearney"相接近,这启发我重建一条"街景",街牌"Kearny Street"和红色手形交通灯,分别来隐喻 Denning Kearney 和他的口号"中国人滚出去",200 只活龟用来展示华人街的氛围。"人蛇计划"在构思时正好有一批中国福建来的移民被拒绝在美国与墨西哥交界的海域上,据报道:偷渡者打着"我们要面包,我们要自由"的标语,他们认为到美国是为了自由。这件事产生了那个装置,总长 26 米的大网,开口为 7 米,终端被收紧,一个美国地图灯箱一闪一闪。在我看来,美国像个"鱼饵",像灯光捕鱼用的聚光灯。这三件相关连的作品都是以在美国的中国移民的历史和现状为背景,所谓的国际政治题材,只不过是涉及一些敏感的话题。涉及的方式也不尽相同,有时"旁敲侧击",有时"挂羊头卖狗肉",有时"混水摸鱼"。在我看来,所谓政治态度是隐藏在作品之中的。1994 年在耶路撒冷的"驼背上的计划"和其它类似的主题,其实是我到法国之后,一些日常生活的经验以及在多种文化中走动时产生的思考的延续。1996 年在马赛的计划"三步九迹"是与去年在巴黎街头的恐怖事件相关。

1998 年我在卢森堡当代艺术中心举办的"东站"展览里,提供另一件相似的作品:由 204 个汽油桶围成一个高 6.6 米,宽 5.4 米的立方阵,在油桶周围分布了 5 辆巴黎街头常见的用油桶和超级市场推车改装的烤栗子车。《驼背上的计划》则是直接做在中东最敏感的城市耶路撒冷,我自然沿着上述思路展开,通过实地考察,我制作了 10 个不同的 Jerusalem 火车站牌子,由 5 匹骆驼背着,出现在展览场地"苏丹池塘"里。去年年底,在巴黎市现代艺术博物馆举办的题为"巴黎作为一个中转站"的展览里,我整个收购了巴黎"Barbes Rochechouart"地铁站附近一个专卖伊斯兰书籍的地摊,把它与我的个人收藏书籍放在一起,这些作品的共同特点必须把它放在一个当代变动的政治、文化现实中,放在一个关于多文化冲突、混合并存的背景里。而深圳的计划是将那架今年四月份撞机事件的 EP-3 美国电子侦察机,按原机尺寸,从中部到尾部共 20 米长,切成三段放在深圳的生态广场,当时这个事件的结局使我很感兴趣,一架飞机被"拆解",由另一架飞机代飞,这一过程在我看来,本身就是一件"作品"。当六月份我到深圳为"被移植的现场"展览看场地时,这个构想就清晰地呈现在眼前。

**在实现这件作品的过程中，你坚持用原大尺寸，甚至不惜牺牲完整的飞机形象，而不像华侨城的"世界之窗"那样，完整地缩小一件东西，这是出于何种考虑？**

对，像真正飞机一样的"庞然大物"。"庞然大物"不仅是从尺寸上、材料上，而且从其内涵来比喻，或来思考关于全球化背景下的"美国主义"。"美国主义－庞然大物"不是一般意义上的霸权主义，庞然大物是一个巨大的空壳子，它包含着脆弱性和空洞性。

**在美国9·11事件发生后，有人就说，黄永砯这个方案就算不了什么，这种说法很显然是将这件作品定位在新闻事件上，我倒认为这些背景为你的作品提供了一个更有意思的背景。我跟隋建国谈起你的作品，他说美院有个学生也为这个事件做了一个小的模型飞机，那个美院学生做的飞机跟你有什么差距？我觉得你说的"庞然大物"这个概念很精确，大或等大在这个展览场景具有绝对的意义。**

这个计划是在半年前就确定，我们不能因为有了"新闻"就去更改"旧闻"，应该看到新闻和旧闻之间的相关性和内在联系。至于那个学生做的飞机，问题不在于做了同样的东西，而在于在这之前做了些什么，在这之后将做些什么。我想那个学生没有想到按原尺寸来做，因为这几乎是不可能的，但事情往往就在不可能中变得可能才有意义。

**在你的很多作品中都使用着两个元素：一是新闻的，一是政治的，这两个元素在你的创作中是起一种导向作用呢，还是别的？**

从某种意义上说，所有的新闻都是政治，所有的政治都是新闻。在今天的社会，无论是政治新闻，还是新闻政治，如果说对我的创作有用的话，除了开启话题，同时还是一剂解毒药，避免艺术重新回到一种无害的装饰品。我对一般意义上的政治不感兴趣，但我感兴趣与政治相关的一些社会事件。因此，我们在谈论艺术时总是在谈政治，我们在谈论政治时又好像在谈艺术。

**在涉及国际政治题材的这几件作品之间，你在使用资源、材料和方法上有一些明显的不同，如耶路撒冷的作品使用了传统文化资源，在俄亥俄和这次深圳的作品中使用了新闻事件这类资源，但后者在材料方式上又不相同，前者使用了象征材料，而后者使用了"实体"。**

在纽约我用洗衣店招牌，在旧金山用了街牌，在耶路撒冷则选择了火车站牌，这完全是偶然的。这些牌子都是用来传递某些信息，而且都是关于语言文字，看上去像"观念艺术"，其实更像一种"脏的观念艺术"，因为它们和那些活的动物：乌龟、骆驼混在一起。动物和牌子都分别扮演着特定的"地缘—传统"和"政治—历史"。在深圳的飞机则直接了当地强调其"庞然大物"。

**据我了解，这几件作品在实施过程中都遇过一些偶发因素和事件的干扰，这些干扰有些属于文化习俗的不同，有些属于价值观念的差异，有些则涉及国家利益，这些因素都或多或少地改变着作品的预设意义、属性和功能，你如何看待这些干扰？它们对形成你作品的方式重要吗？**

我们为什么要把它看作是一种"干扰"，而不看作是一种丰富作品意义、超越艺术家的预设和期待的"良机"？在旧金山的作品中我用了两百只活龟，无意中给主办单位带来很大焦虑，这些龟不像我想象那样"散步在街上"，而是堆聚在角落，而且逐日不断死亡。

**这种"干扰"为作品的意义带来的丰富性，也正是你的艺术的显著特质。与大多数的西方现代艺术家的作品相比，你的艺术确实显得比较"脏"，因为你追求的不是纯粹性，而是多义性。这种多义性首先来自于你设身处地融入到自己所接触的每一个新的背景之中，同时又返身到自己原有的背景中去审视它。其次，你是从新的背景中去发现新的材料（因地制宜、就地取材），这就使旁观者认为你的艺术在形式上缺乏延续性。第三，你的作品中观念与形式处于同样重要的地位，因而，你既不属于观念主义者，也不属于形式主义者。你注重材料或者说形式本身的力量，但决不是为形式而形式，因为你的形式总是来自于特殊的"事件"。你注重观念的作用，但你的观念总是依附在与它"与生俱来"的形式——材料上。这大概就是你的艺术常常会被批评家们称之为"脏"的原因。但我想，真正熟悉你的人都会一以贯之地来欣赏你的艺术。记得你在1986年写的那篇《非表达的绘画》中就已"把机会和偶发"作为创作的第一原则。据说深圳方案所受到的干预是你所有作品中最严重的，它甚至使我们谈话的主题有了一个新的角度，这个"庞然大物"现在变成了一个谁也无法控制的幽灵，既然它已被判定为有可能危及某种国际政治关系，那么，我们也许应该问一个有点书生气的问题：艺术与国际政治之间的"安全距离"是多大？**

艺术需要"安全"吗？我宁可选择"冒险"，这件作品制做了一架飞机的尾巴，原来想作为一条"嘲讽"的尾巴而结束，没想到却成为一件被嘲讽的"事件"的开始。

1 《焚烧活动》厦门达达 1986

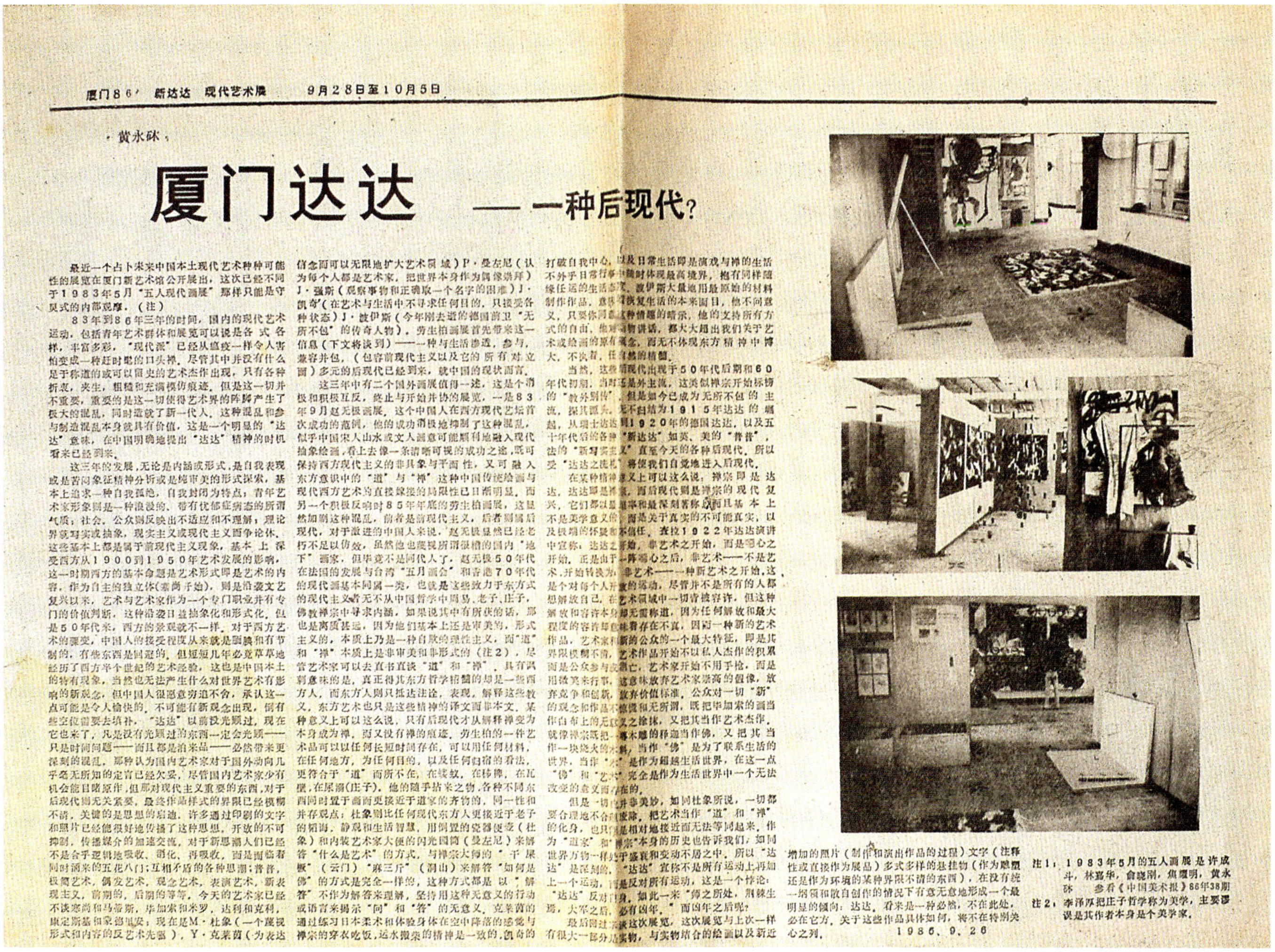

厦门86′ 新达达 现代艺术展 9月28日至10月5日

·黄永砯·

# 厦门达达 ——一种后现代？

最近一个占卜未来中国本土现代艺术种种可能性的展览在厦门新艺术馆公开展出，这次已经不同于1983年5月“五人现代画展”那样只能是守灵式的内部观摩。（注）

83年到86年三年的时间，国内的现代艺术运动，包括青年艺术群体和展览可以说是各式各样，丰富多彩，“现代派”已经从瘟疫一样令人害怕变成一种赶时髦的口头禅。尽管其中并没有什么足于称道的或可以留史的艺术杰作出现，只有各种折衷，夹生，粗糙和无端模仿痕迹。但是这一切并不重要，重要的是这一切使得艺术界的阵脚产生了极大的混乱，同时造就了新一代人。这种混乱和参与制造混乱本身就具有价值，这是一个明显的“达达”意味，在中国明确地提出“达达”精神的时机看来已经到来。

这三年的发展，无论是内涵或形式，是自我表现或是苦闷象征精神分析或是纯审美的形式探索，基本上追求一种自我孤绝，自我封闭为特点；青年艺术家形象则是一种浪漫的、带有忧郁症病态的所谓气质；社会，公众则反映出不适应和不理解；理论界就写实或抽象，现实主义或现代主义而争论休。这些基本上都是属于前现代主义现象，基本上深受西方从1900到1950年艺术发展的影响，这一时期西方的基本命题是艺术形式即是艺术的内容，作为自主的独立体（塞尚开始），则是沿袭文艺复兴以来，艺术与艺术家作为一个专门职业并有专门的价值判断，这种沿袭日益抽象化和形式化，但是50年代来，西方的景观就不一样，对于西方艺术的骤变，中国人的接受程度从来就是腼腆和有节制的，有些东西是回避的，但短短几年必竟草草地经历了西方半个世纪的艺术经验，这也是中国本土的特有现象，当然也无法产生什么对世界艺术有影响的新观念，但中国人很愿意穷追不舍，承认这一点可能是令人愉快的，不可能有新观念出现，倒有些空位需要去填补，“达达”以前没光顾过，现在它也来了，凡是没有光顾过的东西一定会光顾——只是时间问题——而且都是舶来品——必然带来更深刻的混乱，那种认为国内艺术家对于国外动向几乎毫无所知的定言已经欠妥，尽管国内艺术家少有机会能目睹原作，但那对现代主义重要的东西，对于后现代则无关紧要，最终作品样式的界限已经模糊不清，关键的是思想的启迪，许多通过印刷的文字和照片已经能很好地传播了这种思想，开放的不可抑制，传播媒介的加速交流，对于新思潮人们已经不是合乎逻辑地吸收、消化、再吸收，而是面临着同时涌来的五花八门；互相矛盾的各种思潮：普普，极简艺术，偶发艺术，观念艺术，表演艺术，新表现主义，前期的，后期的等等，今天的艺术家已经不读塞尚和马蒂斯，毕加索和米罗，达利和克利，康定斯基和蒙德里安；现在是M·杜象（一个蔑视形式和内容的反艺术先驱），Y·克莱茵（为表达信念而可以无限地扩大艺术领域）P·曼左尼（认为每个人都是艺术家，把世界本身作为偶像崇拜）J·强斯（观察事物和正确取一个名字的困难）J·凯奇（在艺术与生活中不寻求任何目的，只接受各种状态）J·波伊斯（今年刚去逝的德国前卫“无所不包”的传奇人物），劳生柏画展首先带来这一信息（下文将谈到）——一种与生活渗透，参与，兼容并包，（包容前现代主义以及它的所有对立面）多元的后现代已经到来，就中国的现状而言。

这三年中有二个国外画展值得一述，这是个消极和积极互反，终止与开始并协的展览，一是83年9月赵无极画展，这个中国人在西方现代艺坛首次成功的范例，他的成功消极地抑制了这种混乱，似乎中国宋人山水或文人画意可能顺利地融入现代抽象绘画，看上去像一条清晰可视的成功之途，既可保持西方现代主义的非具象与平面性，又可融入东方意识中的“道”与“禅”这种中国传统绘画与现代西方艺术的直接嫁接的局限性已日渐明显，而另一个积极反响时85年年底的劳生柏画展，这显然加剧这种混乱，前者是前现代主义，后者则属后现代，对于激进的中国人来说，赵无极显然已经老朽不足以仿效，虽然他也蔑视所谓很糟的国内“地下”画家，但毕竟不是同代人了，赵无极50年代在法国的发展与台湾“五月画会”和香港70年代的现代画基本同属一类，也就是这些致力于东方式的现代主义者无不从中国哲学中周易、老子、庄子，佛教禅宗中寻求内涵，如果说其中有所获的话，那也是离质甚远，因为他们基本上还是审美的，形式主义的，本质上乃是一种自欺的理性主义，而“道”和“禅”本质上是非审美和非形式的（注2），尽管艺术家可以去直书直读“道”和“禅”，具有讽刺意味的是，真正得其东方哲学精髓的却是一些西方人，而东方人则只抵达注诠，表现，解释这些教义，东方艺术也只是这些精神的译文而非本文，某种意义上可以这么说，只有后现代才从解释禅变为本身成为禅，而又没有禅的痕迹，劳生柏的一件艺术品可以以任何长短时间存在，可以用任何材料，在任何地方，为任何目的，以及任何归宿的看法，更符合于“道”而所不在，在蝼蚁，在稊稗，在瓦甓，在屎溺（庄子），他的随手拈来之物，各种不同东西同时置于画面更接近于道家的齐物的，同一性和并存观点；杜象则比任何现代东方人更接近于老子的韬诲，静观和生活智慧，用倒置的瓷器便壶（杜象）和内装艺术家大便的罐头圆筒（曼左尼）来解答“什么是艺术”的方式，与禅宗大师的“干屎橛”（云门）“麻三斤”（洞山）来解答“如何是佛”的方式是完全一样的，这种方式都是以“解答”不作为解答来理解，坚持用这种无意义的行动或语言来揭示“问”和“答”的无意义，克莱茵的通过练习日本柔术和体验身体在空中降落的感觉与禅宗的穿衣吃饭，运水搬柴的精神是一致的，凯奇的打破自我中心，以及日常生活即是演戏与禅的生活不外乎日常行事中随时体现最高境界，抱有同样随缘任运的生活态度，波伊斯大量地用最原始的材料制作作品，意在[illegible]恢复生活的本来面目，他不问意义，只要你同意这种情趣的暗示，他的支持所有方式的自由，他对动物讲话，都大大超出我们关于艺术或绘画的原有观念，而无不体现东方精神中博大，不执着，任自然的精髓。

当然，这些后现代出现于50年代后期和60年代初期，当时还是外主流，这类似禅宗开始标榜的“教外别传”，但是如今已成为无所不包的主流，探其源头，无不归结为1915年达达的崛起，从瑞士达达到1920年的德国达达，以及五十年代后的各种“新达达”如英、美的“普普”，法的“新写实主义”直至今天的各种后现代。所以受“达达之洗礼”将使我们自觉地进入后现代。

在某种精神意义上可以这么说，禅宗即是达达，达达即是禅宗，而后现代则是禅宗的现代复兴，它们都以最[illegible]和最深刻著称，而且基本上不是美学意义的，而是关于真实的不可能真实，以及极端的怀疑和不信任，查拉1922年达达演讲中宣称：达达之开始，非艺术之开始，而是恶心之开始，正是由于一阵恶心之后，非艺术——不是艺术，开始转换为非艺术——一种新艺术之开始，这是个对每个人开放的运动，尽管并不是所有的人都想解放自己，在艺术领域中一切皆被容许，但这种解放和容许本身都无需称道，因为任何解放和最大程度的容许毕竟总是存在不真，因而一种新的艺术作品，艺术家和新的公众的一个最大特征，即是其界限模糊不清，艺术作品开始不以私人杰作的积累而是公众参与或消亡，艺术家开始不用手捡，而是用微笑来行事，这意味放弃艺术家崇高的偶像，放弃竞争和创新，放弃价值标准，公众对一切“新”的观念和作品不惊讶和无所谓，既把毕加索的画当作白布上的无意义之涂抹，又把其当作艺术杰作，就像禅宗既把一尊木雕的释迦当作佛，又把其当作一块烧火的木料，当作“佛”是为了联系生活的世界，当作“木”是作为超越生活世界，在这一点“佛”和“艺术”完全是作为生活世界中一个无法改变的意义而存在的。

但是一切并非美妙，如同杜象所说，一切都要合理地不合理地废除，把艺术当作“道”和“禅”的化身，也只能是相对地接近而无法等同起来，作为“道家”和“禅宗”本身的历史也告诉我们，如同世界万物一样处于盛衰和变动不居之中，所以“达达”是深刻的，“达达”宣称不是所有运动上再加上一个运动，而是反对所有运动，这是一个悖论：“达达”反对自身，如此一来“师之所处，荆棘生焉，大军之后，必有凶年。”而凶年之后呢？

最后回过来谈这次展览，这次展览与上次一样有很大一部分是实物，与实物结合的绘画以及新近增加的照片（制作和演出作品的过程）文字（注释性或直接作为展品）多式多样的悬挂物（作为雕塑还是作为环境的某种界限不清的东西），在没有统一纲领和散自创作的情况下有意无意地形成一个最明显的倾向：达达，看来是一种必然，不在此处，必在它方，关于这些作品具体如何，将不在特别关心之列。

1986、9、26

注1：1983年5月的五人画展是许成斗，林嘉华，俞晓刚，焦耀明，黄永砯 参看《中国美术报》86年38期

注2：李泽厚把庄子哲学称为美学，主要谬误是其作者本身是个美学家。

2

3

2 《厦门达达》报纸 1986 厦门

3 《会响的手枪》 1986 厦门

“达达”一词是完全空的能指，“禅宗”也是如此。考察一下使用这些词的历史：“达达” 这个词从1916年开始被使用已有70多年历史；“禅宗”这个词如果从南宗惠能(638-713)算起至今也有1200多年历史。可以想像一下，每一部现代艺术史都要提及“达达”一词，就像每一中国古代思想史、哲学史、文化史、艺术史甚至通史都要提及“禅宗”一词。正是这些逐年增加的膨胀物，以及时间太长，或由于人们太注意，讨论太多，使原来完全空的能指“充实”起来。我们今天随便翻开一本简明英汉词典，“DaDa”条目下已不是原来的“摇木马”或“是的，是的”，而是作为一个艺术流派的定义，它转换为“利用偶然的和不协调的效果向既定的艺术、思想、道德准则挑战的作品”。这些定义的无数次使用使得“达达”成为一种标签。你能应用这个标签你就能吸引人们去重新注意达达，这是个不坏的主意，我们就是在这个意义上使用“达达”和“禅宗”的。历史唯一剩下的是大量的文字和文本，所以没有历史可言。我们就处在这一大堆垃圾场中，其中有哲学、宗教和艺术，它任人摆弄和挑选。在其中你如果保持沉默就表示你不存在，你如果不在本文的垃圾。我们的历史、思想中置身而起，我们就要被各种各样的学说、价值观和说教所压倒。我们唯一可做的就是促使旧的和新的神话成为完全空的能指，但即使是你不断地发言，不断地拼贴，不断地“充满”，不断地“消耗”，那也只是一种短暂的存在。

——摘自黄永砅《完全空的能指——“达达”与“禅宗”》 1988.

4

5

6

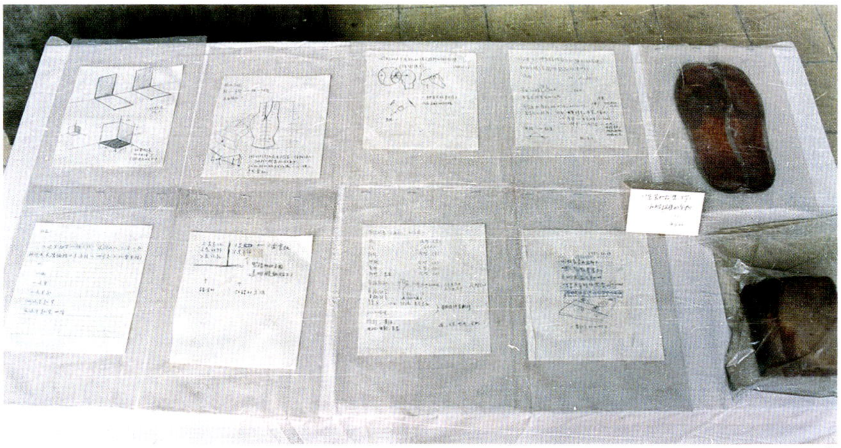
7

4 《给劳生柏的备忘录》 1986 厦门
5 《安格尔的土耳其浴室》 1986 厦门
6 《带链子的头像、画布自然扭曲》 1986 厦门
7、8 厦门达达展览 1986 厦门

8

9

10

11

12

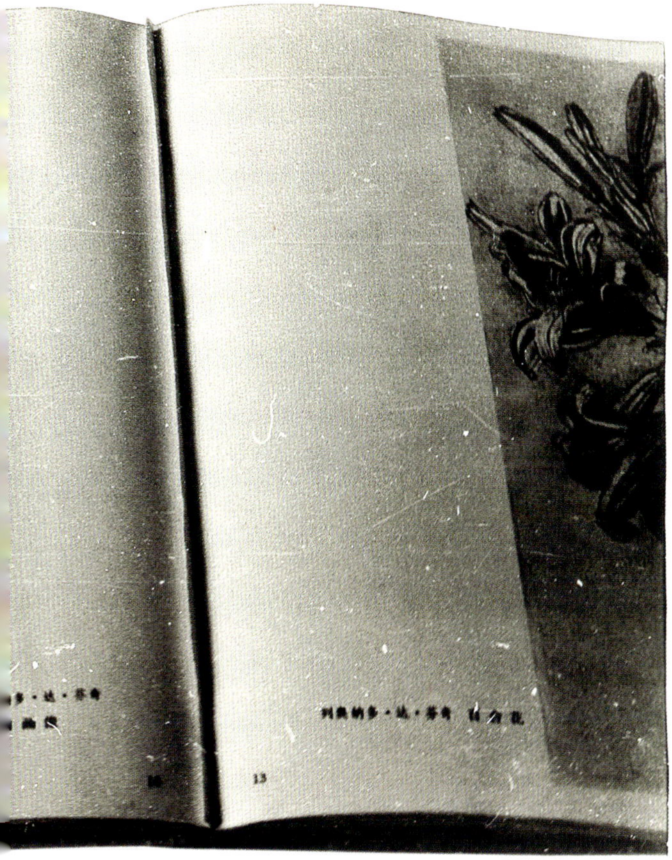

13

9–12 《胡子最易燃》 1986 厦门
13 《画册改装》 1986 厦门

达达死了

14 《厦门达达》焚烧作品现场 1986 厦门

15

16

17

18

# 焚 烧 声 明

1986 年 9 月 28 日-10 月 5 日厦门达达展览的展出作品已经于 1986 年 11 月 23 日下午在厦门新艺术馆广场当众焚烧。

这个展览已经不复存在，关于它的赞扬或支持，怀疑或反对业已失去意义。

由于我们无法确定展出作品就是作品的最终样式，也许它们可能再次变得更好，或者变得更坏，我们也无法确定这些艺术品的最终应存放在哪里，以避免人工或自然的损坏，于是决定实施一项对已展出的作品进行“改装 →毁坏→焚烧”的计划。所有这些活动用照片和录相记录下来。

艺术作品历来被看作是艺术家的心血，一旦创作出来，就积心处虑地保护以避免损坏，艺术家就是靠其作品来显著自己的难度和伟大。人家说看看你的作品，我们说作品已经烧了。

中国没有艺术收藏这可能是件好事，艺术家可以任意处置自己的作品而无须小心翼翼。对待自己作品的态度标志着艺术家自己解放自己的程度，无所谓，甚至进行不合常理的处理。

艺术作品对于艺术家就像鸦片对于人。

不消灭艺术，生活不得安宁。

达达死了，火小心。

厦 门 达 达

1986.11.24

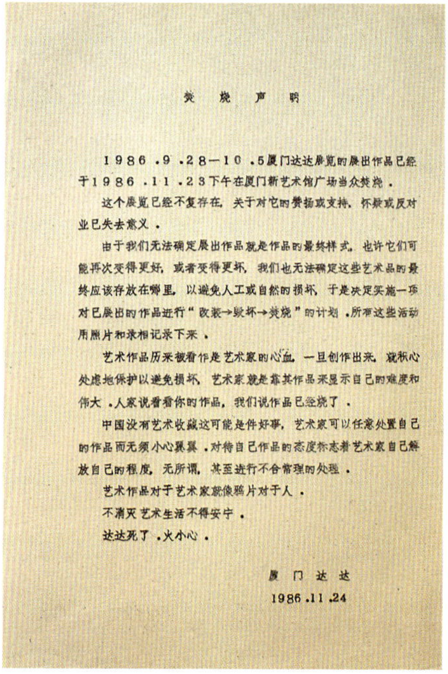

焚 烧 声 明

1986.9.28—10.5厦门达达展览的展出作品已经于1986.11.23下午在厦门新艺术馆广场当众焚烧.

这个展览已经不复存在，关于对它的赞扬或支持，怀疑或反对业已失去意义.

由于我们无法确定展出作品就是作品的最终样式，也许它们可能再次变得更好，或者变得更坏，我们也无法确定这些艺术品的最终应该存放在哪里，以避免人工或自然的损坏，于是决定实施一项对已展出的作品进行“改装→毁坏→焚烧”的计划.所有这些活动用照片和录相记录下来.

艺术作品历来被看作是艺术家的心血，一旦创作出来，就积心处虑地保护以避免损坏，艺术家就是靠其作品来显示自己的难度和伟大.人家说看看你的作品，我们说作品已经烧了.

中国没有艺术收藏这可能是件好事，艺术家可以任意处置自己的作品而无须小心翼翼.对待自己作品的态度标志着艺术家自己解放自己的程度，无所谓，甚至进行不合常理的处理.

艺术作品对于艺术家就像鸦片对于人.

不消灭艺术生活不得安宁.

达达死了.火小心.

厦 门 达 达

1986.11.24

20

15-19 “焚烧活动”现场 1986 厦门

20 “焚烧声明”小报 1986

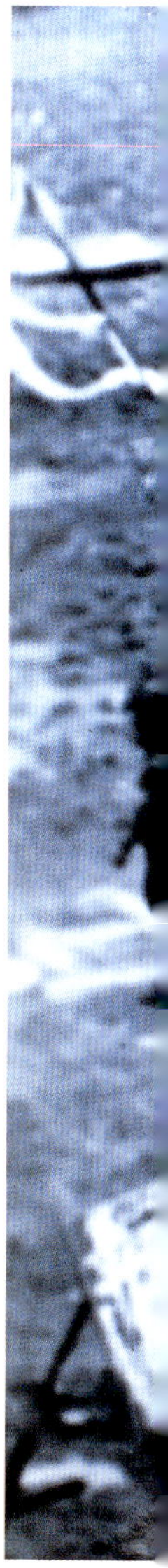

19

食物 —— 大米，
绿豆 —— 发芽，
烟 —— 蚊香（你也和蚊子一样害怕蚊香吗？）

水，
对话 —— 母语，（脱离语言背景）
照片，
钱 —— 雇佣工人（展品？），
猪皮（带毛的），
阅览室 —— 通俗杂志、论文，报纸（混杂），
用绳子缠围，
向观众分发即刻感光的照像纸（100张/36元）

第二方案：

反对有计划（无论是什么计划）和按步就班的展览方式，临时的，偶发的，无计划，无目的地参与。

这份计划由于展览的流产而成为纸头上的备忘录。

石膏和铝箔 87.4

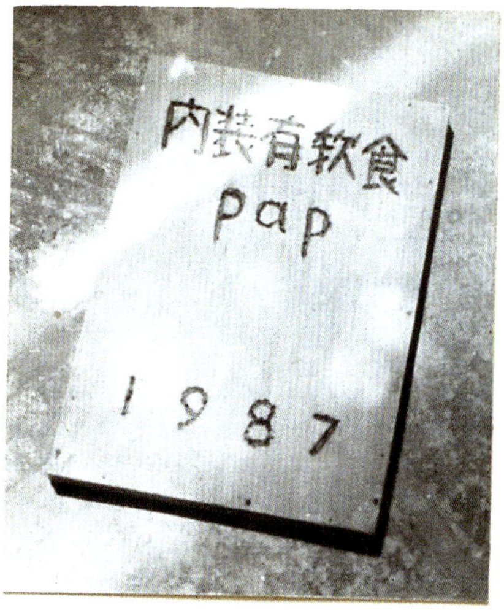


31×22×2 CM 木匣子上用火烙印"软食" pap 是从英汉词典得来，它的二层意思更合适我的口味：1. 病弱者吃的半流质食物，2. 缺乏实质或无真正价值的思想或作品。木匣子里面装有许多"构想"。

《正面发痒，背面发麻》87，2月，第一次制作，4月第二次制作，籐椅，石膏。

关于两次活动的文字记录：

1987.11.9.晚上8时半—10时，我筹划已久的"作品—垃圾处理"付之实施。我将参与83年5月的五人画展十八幅作品丢置于工作室附近的一个垃圾堆上，等候垃圾车的到来，（在此之前我曾精确地计算每日垃圾车到来的时间）。当这些画作连同内外框不经损坏地原本摆在垃圾堆上一下子引起了过往行人和倒垃圾人的注意，当人们注意并参与接触这些作品时，以"艺术"方式：注意、观看或欣赏这些作品，或以"非艺术"的方式接触：注意它的内外框木料和画布，或动手拆或干脆拿走时——我开始拍照（这是事先计划好的请朋友来帮忙拍）当垃圾车开到，清洁工来参与时，发生了偶发事件，被我们用闪光灯拍照的人们突然愤怒起来，他们发现中了鱼饵他们的垃圾堆行为被人记录下来，一下子围了十几个人，我们遭到攻击相机险些被抢，人差点挨揍，事态变得无法收拾，人们围着要

1987.11.9 "作品—垃圾处理"，这些照片的意义在于它的非法。
曾颖宏摄

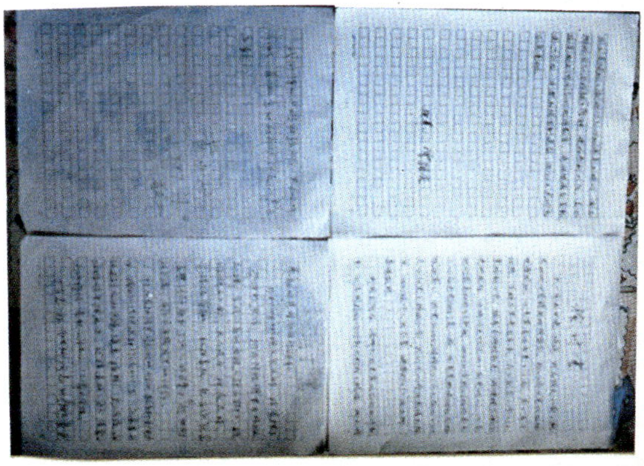

检讨书——语言游戏，必须付出的代价。
在权力面前所暴露的是艺术之无能。 ⑥

21 黄永砯“册页1”
1980–1989

21

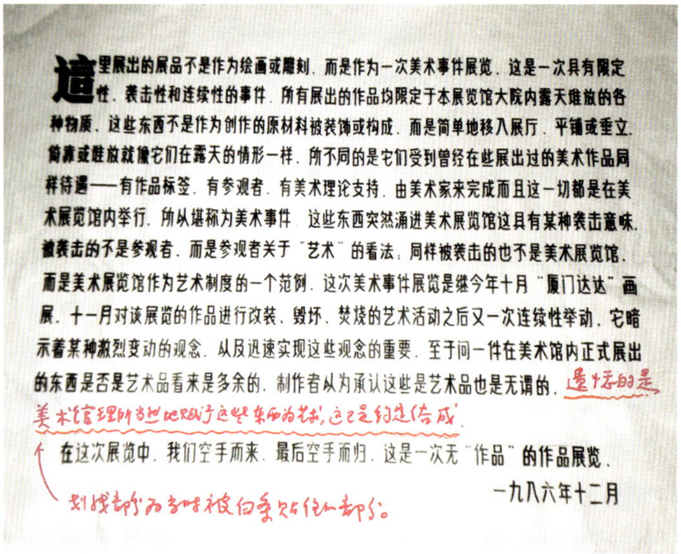
这里展出的展品不是作为绘画或雕刻，而是作为一次美术事件展览，这是一次具有限定性、袭击性和连续性的事件，所有展出的作品均限定于本展览馆大院内露天堆放的各种物质，这些东西不是作为创作的原材料被装饰或构成，而是简单地移入展厅，平铺或垂立，倚靠或堆放就像它们在露天的情形一样，所不同的是它们受到曾经在此展出过的美术作品同样待遇——有作品标签，有参观者，有美术理论支持，由美术家来完成而且这一切都是在美术展览馆内举行，所以堪称为美术事件。这些东西突然涌进美术展览馆这具有某种袭击意味，被袭击的不是参观者，而是参观者关于“艺术”的看法；同样被袭击的也不是美术展览馆，而是美术展览馆作为艺术制度的一个范例，这次美术事件展览是继今年十月“厦门达达”画展，十一月对该展览的作品进行改装、毁坏、焚烧的艺术活动之后又一次连续性举动，它暗示着某种激烈变动的观念，从及迅速实现这些观念的重要，至于问一件在美术馆内正式展出的东西是否是艺术品看来是多余的，制作者从为承认这些是艺术品也是无谓的，遗憾的是美术馆理所当然地默认了这些东西的艺术，这已是约定俗成。

在这次展览中，我们空手而来，最后空手而归，这是一次无“作品”的作品展览。

一九八六年十二月

划线部分为当时被白条贴住的部分。

22

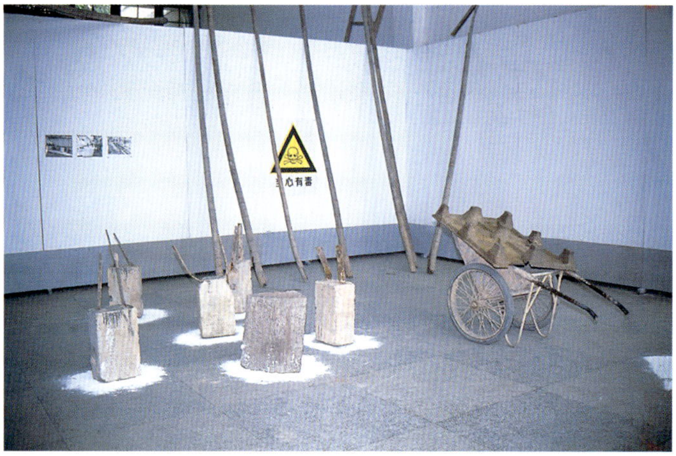


23

24

25

26

27

28

29

22　“发生在福建省美术展览馆的事件展览”前言　1986.12　福州
23-29　“发生在福建省美术展览馆的事件展览”展览现场　1986.12　福州
30　厦门达达成员在福建省美术展览馆布展　1986　福州
左起：黄永砯、焦耀明、林嘉华、俞晓刚

31

32

关于两次活动的记录：

1987 年 11 月 9 日晚上 8 时半——10 时，筹划已久的“作品——垃圾处理”付之实施。我将 1983 年十几幅作品丢置于工作室附近的一个垃圾堆上，等候垃圾车的到来。（在此之前我曾精确地计算每日垃圾车到来的时间。）当这些画作连同内外框不经破坏摆在垃圾堆上，一下子引起了过往行人和倒垃圾人的注意。当人们以“艺术”方式注意观看或欣赏这些作品，或以“非艺术”的方式注意它的内外框和画布，并动手折或干脆拿走时——我开始拍照（请朋友来帮忙拍）。当垃圾车刚到，发生了偶发事件，被我们用闪光灯拍照的人们突然愤怒起来，他们发现中了“鱼饵”，他们的捡垃圾行为被人记录。一下子围了十几个人，我们遭到攻击，相机险些被抢，人差点挨揍，事态变得无法收拾。人们围着要求我们解释这种行为——无法解释，结果被强迫至附近的派出所，值班干警以我们侵犯人权——未经同意而拍照，扣留照像机和工作证。为了不扩大事态，我们愿意洗耳恭听。当申诉你是以“艺术原因”举行这一活动或拍照时，是没人理会的，在中国“，达达”行为只是圈子里的事。第二天请人说情，递交“检讨书”终于了结。这次关于考察“艺术品与观者的非博物馆行为——垃圾堆行为”，已成为一次戏剧性的偶发活动。

1987 年 11 月 12 日下午 3—4 时，我参与另一位“达达”成员林嘉华组织的称之为“纠缠——捆绑”活动。在近郊一块无人的旷野上，十几个人，三部录相机，赤膊，头套香烟包装袋，二条很长的麻绳和尼龙绳无法按设想那样把人实在地捆绑，只能缠在一起，最后连同拍录相和拍照片的都缠在一块，颇像巫术祈雨活动，因为背景是干裂的田野。我开始点燃“鞭炮裤子”，这条裤子里面粘有一百多发鞭炮，只露出导火线，要全部点燃颇为费劲，点燃的鞭炮在裤子里面发生沉闷的声响，冒出少量的烟，艺术的活动奥妙全在于筹划之外，而又在偶然出乎意料之内，关键是“表演者”尽可能没有表演的意识，它是自然而然的显现——反对表演！

上述两个活动，前者在公共场合，而且涉及没有准备的普通人参与，结果碰到麻烦；后者在无观众，无人知晓的情况下实施一项计划却善始善终。有观众参与的在冲击观众的同时也冲击行动者自身。观众的愤怒，可以引起偶发和含混。虽然我认为艺术不具什么社会目的，但艺术切切实实地充满了社会性，尤其你想扩大势态，你想使艺术成为无边的，无界的，你就不可避免地面对整个社会。

——摘自黄永砯《册页 1》 1987

33

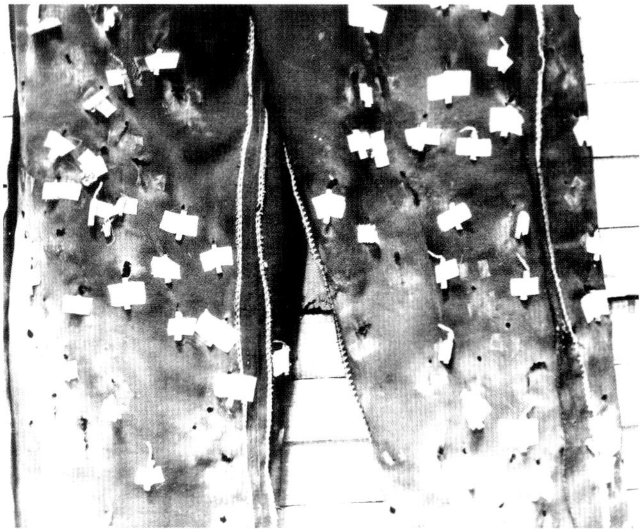

34

31 《反里的鞭炮裤子》 1987 厦门
32、33 《鞭炮裤子》 1987 厦门
34 《鞭炮裤子》(局部) 1987 厦门

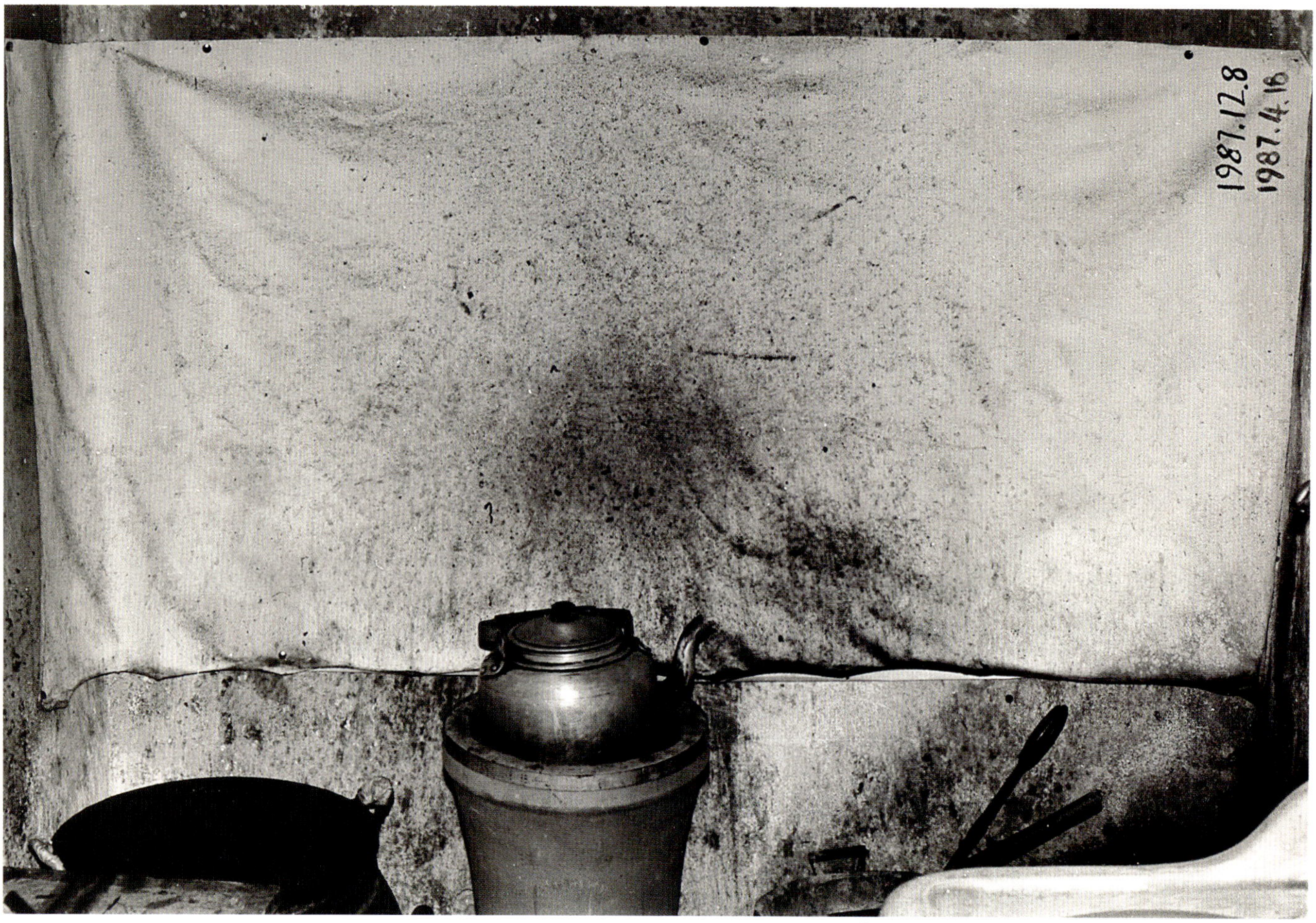

35

36

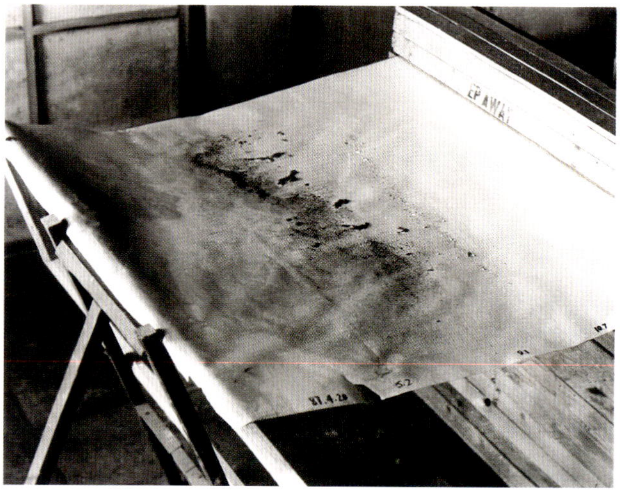
37

偶然即是独立事件，太阳存在是独立事件，而语言则不是，独立事件的非必然常导致人的脑和眼的人为性分离，我的创作如果不是独立于我的，就不称之为创作，我的创作是独立于我的东西，别人的东西是独立于我，别人的创作即是我的创作，一个人所作的东西必须像别人所作的一样，一个人对他自己所作的东西不可能同时又是独立的，但一个人与另一个人是独立事件，抽签和掷骰子产生独立事件的机缘，盲人和蒙上眼睛同样产生这种机缘。我的意图被别人篡改也就是不纯的我的意图，就是扩大我的意图，任何独立事件都是不纯于我的。由此，"创作"或"创造"的概念必须一再地晒干，不是创造什么，也不是什么创造，以便从此成为别的什么而不是我的什么，这个概念将遗失或被不相关的东西所混淆。

——摘自黄永砯的《从空洞开始的一篇美术论文》 1987

35 《厨房》 灰尘作品，1987.4.18-12.8 厦门

36-38 《灰尘》 1987.4.20-1988 厦门

39 《课堂作业》铅笔灰 1987 厦门

40 《课堂作业》（局部）

40

38

39

41

这份计划包括两部分：可实施的和不可实施的。美术馆对艺术家的最大限制就是艺术家想在美术馆展示的企图。逃离美术馆的最有效方式是整个地包围美术馆并迅速进攻和迅速后退。包括用如下方式：渗透、分散、干扰、移动、疑惑、诱导。在展览的边缘展览，在展览的空地展览，在不在展出的地方展出作品。

——摘自黄永砯的《“逃离美术馆”计划》 1989

42

参加一次展览即是一种欠缺，无论你考虑的如何周密，就像一次言谈暴露一次不足一样。但欠缺和不足并没有什么不好，而且它恰恰是所有展览活动（展览是一种炫耀或过度显现）和言谈活动的生命所在。我 1989 年 2 月参加的那个展览几乎没有拿什么作品参加，只有随身带来的二件作品（洗衣机作品和转盘的样品），都是小尺寸和制作简陋的，但这次展览的参加亦非常成功，因为它毫无效果。几乎就像你没参加一样，也就是说你不施加你个人的影响，你把你自己或是别人把你自己排斥在影响（引人注目）的权势之外。我们亦可通过这一点来窥测艺术中的权势问题，或是艺术如何能逃出权势而本身又不成为另一种权势。我参加展览（无论是以前还是将来）成为完成后的样子也不是我一开始就设想和能够意料的，就像言谈一样，言谈开始的动机和愿望并不直接影响言谈的结束（结果），这个过程恰当地说是一种变色过程，言谈至始至终是条变色龙。

——摘自黄永砯的《艺术－权势－言谈》 1989

43

41　“厦门达达”作品在中国前卫艺术展展出　1989　北京　中国美术馆

42　1000 米麻绳在中国美术馆　1989　北京

43　黄永砯在中国前卫艺术展布展　1989　北京

44　“厦门达达”拖美术馆计划　1989　厦门

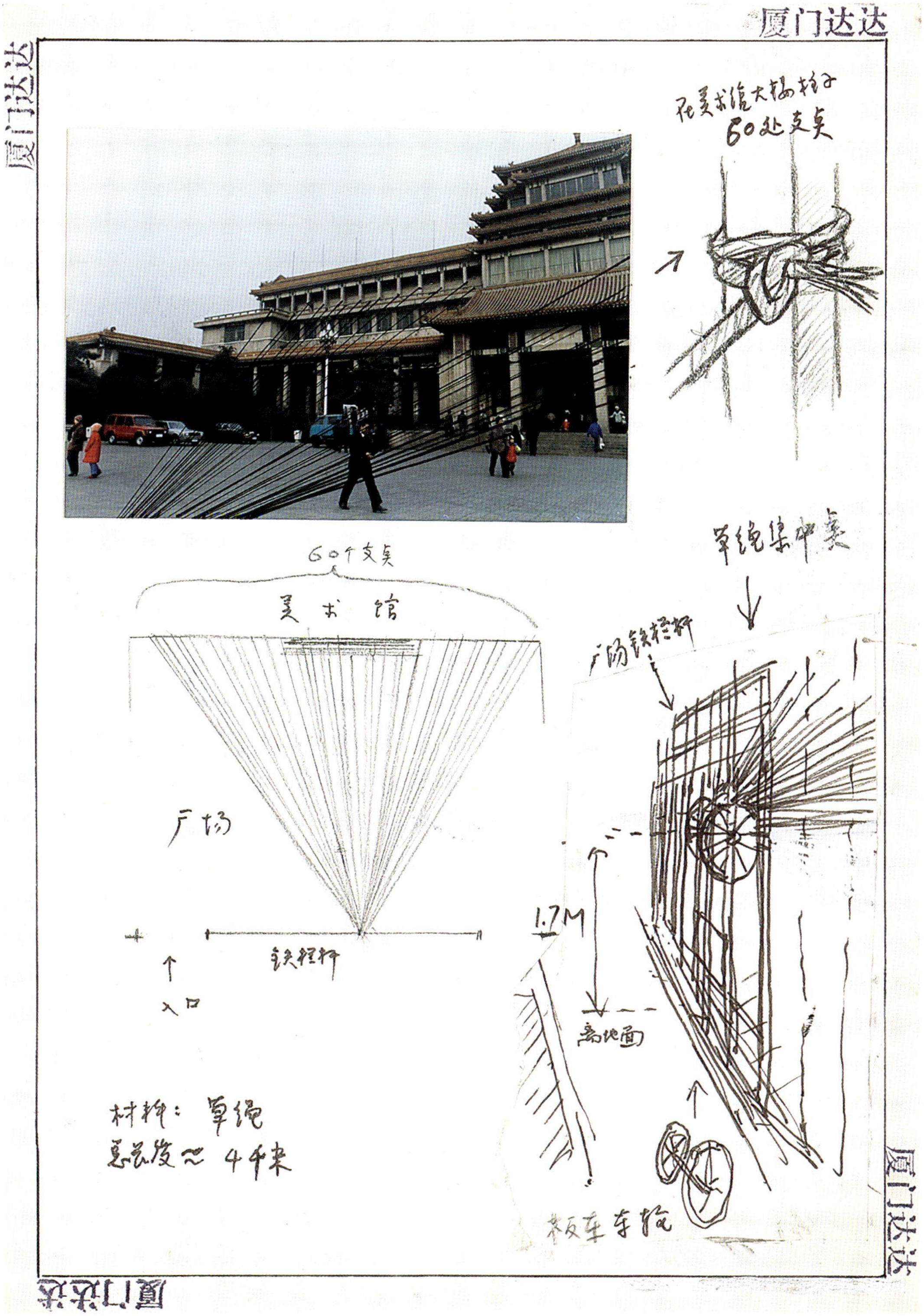
厦门达达
在美术馆大楼柱子
60处支点
60个支点
美术馆
广场
铁栏杆
入口
材料：草绳
总长度～4千米
草绳集中点
广场铁栏杆
1.7M
离地面
板车车轮

## 87年的思考、制作和活动

绘画的死亡。86年底的焚烧作品并不完全意味绘画的死亡，它更多是一种中最极端的处置办法，存在着许多处置办法，但一个人愿意把焚烧作为处置他的作品的恰当方式，明显地意味着作品—偶像的消亡。（作品是艺术家创造出来成为自己崇拜的偶像）。这是一种价值的明显贬低。“绘画”一词严格地说是没有对象的，只存在着我的绘画或你的绘画，存在着1485年达芬奇的绘画或1926年毕加索的绘画，确切地说，“绘画的死亡”是指第一人称或个人的绘画死亡。1923年杜象宣称绘画的死亡，并不妨碍我在1987年同称绘画的死亡，因为杜象是个个体，我是另一个个体，同样也不妨碍1989年另一个个体作如此宣称。我现在才能真正体会杜象所说的那种心境——“用画笔、调色板、松节油的观念已经从我生命中消失了”，这一转变对个人来说是革命性的和不可逆转的。“绘画的死亡”不过是众多死亡中的一个。这一过程或能面和消失，就像我们现在已经没有兴趣玩少年时代的鸟与之类的东西，或自觉地放弃，它基于三方面的考虑：1. 我们学什么就决定我们从事什么样的职业，而学什么是由于我们以前的习惯，教育背景或崇拜的偶像决定的，准确地说是我们前学或最初社会圈子的习惯，使我们选择学什么，所以“放弃”将是作为有决自决的选择。2. 如约瑟夫·科苏思所说“如果一个艺术家接受了绘画（或雕塑），他就是接受了伴随着它的传统”，

这批画是依据80年出版的古典绘画单行本，通过透光，反面观看制作的。右边的小灯箱显示制作依据。86.12—87.1制作.

用这种方法共制作了四幅，另外二幅的标题是“朱理亚诺·梅迪奇被二个被缚的奴隶所缚”，“基督是从大卫的耳朵里诞生的，这是对新、旧约的重大更正，请参阅‘新形哲学’中国版本”。

鲁本斯的狮子在吃鲁本斯的马

换句话说，我们个人的绘画之所以称之为绘画，完全是承诺或进入传统的绘画模式中，而这些模式已日益成为社会的约定。3. 绘画(或雕塑)，用传统的艺术工具、材料所产生的，不论它是什么样的效果，都很难达到非艺术的效果，因为它已经成为艺术的同义词。当我们说只有个人的绘画存在，而没有"绘画"的一般的、或抽象的存在，但它被作为一个系统乃有效地制约个人的绘画存在。作为系统或模式：如连环画，1973年如果说是最盛期，1986年则已衰败，但它的盛期却产生一大批观众、作者和消费市场，它的出版机构还有艺术院校连环画系的出现，它呈现如下形式：

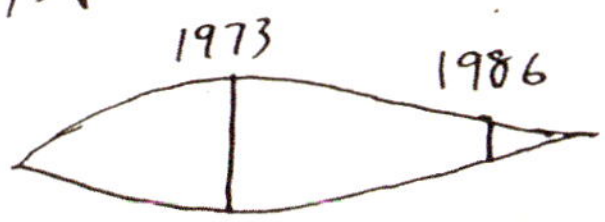


中国画也是如此，只是规模更为宏大，时间尺寸更长。凡其历史愈长，其滑坡坡度就愈长。1973年从事连环画是有意义的，1986年从事则缺乏意义；1800年从事中国画是有意义的，1988年可能就缺乏意义。必须反对任何意义的"复兴"，凡是坚持"复兴"的人都是未能现实地识破已经形成的宏大或完善的系统，以及现实地认识自己所处时代与这个系统的关系。它是处在衰败还是高潮，这是不能强求的。尽管许多东西已经失意义，但它仍可继续存活几个世纪，甚至更长。

补充：系统或模式或库恩的范式看来是解决"共相"问题的最好方式，它又避免落入"共相"变为一个实在对象的错误理解之中。可以把这些模式看作一张重迭、交叉的网，而且这张网要从中跳出来才能识别它。

这是86.10—87.1"放了气的绘画"，画完之后才被折断画框的，类似处理有二件。绘画不再是一个自足和完整的形象，要么破缺，要么零乱，这样放弃或自行消失就成为不可避免了。

45 ②

45 黄永砯《册页 1》 1980–1989

是经过治疗的。是已经通过对我们所使用的语言的更多了解，达到清解哲学问题的，并使这以前的所有哲学传统置于不得不小心对待和充满危险的境地。而我们仍在滥用语言，诸如"普遍真理""永恒""力度""伟大""个性""自我""人性""东方""西方""民族""精神""本质""体验""超越""内在性""艺术""哲学""宗教感""大人类""现代""后现代"等等，以及由这些概念混乱而滥用的语言所提出的问题，这些问题不但没有答案，而且问和答本身都没有意义。但是不得不看到今天的语言已经污染得无法不去滥用了，其中包括我的如上所用的语言。这也就是任何一个想最终治疗艺术的人会自臆着他也将开始接受治疗。治疗的方法——刮痧和放血。

刮痧——使体内炎症表皮化，也就是使深藏的东西泛之表面。

放血——如释重负。

87.4.《手稿穿于墙上》

关于艺术史：

只有艺术史中的艺术存在，并无其它艺术存在，这样艺术就不是独立于艺术史的东西，而是当它被艺术史所描述时它才作为艺术而存在。

艺术史不是对同一世界作不同表述（或风格）的汇集，而是对截然不同的世界作不同的表述，不存在一个统一的世界。

如果追求艺术史中的艺术就是追求权力，或接受权力的引导，换句话说，使一种东西成为艺术必须使用权力或利用权力这一渠道。

不存在统一的艺术史，只存在各种不同世界的艺术史。这些欢吴可以改写艺术史。

87.4《楼梯和木条》这件作品必须小心翼翼地制作，随时都有前功尽弃的可能。

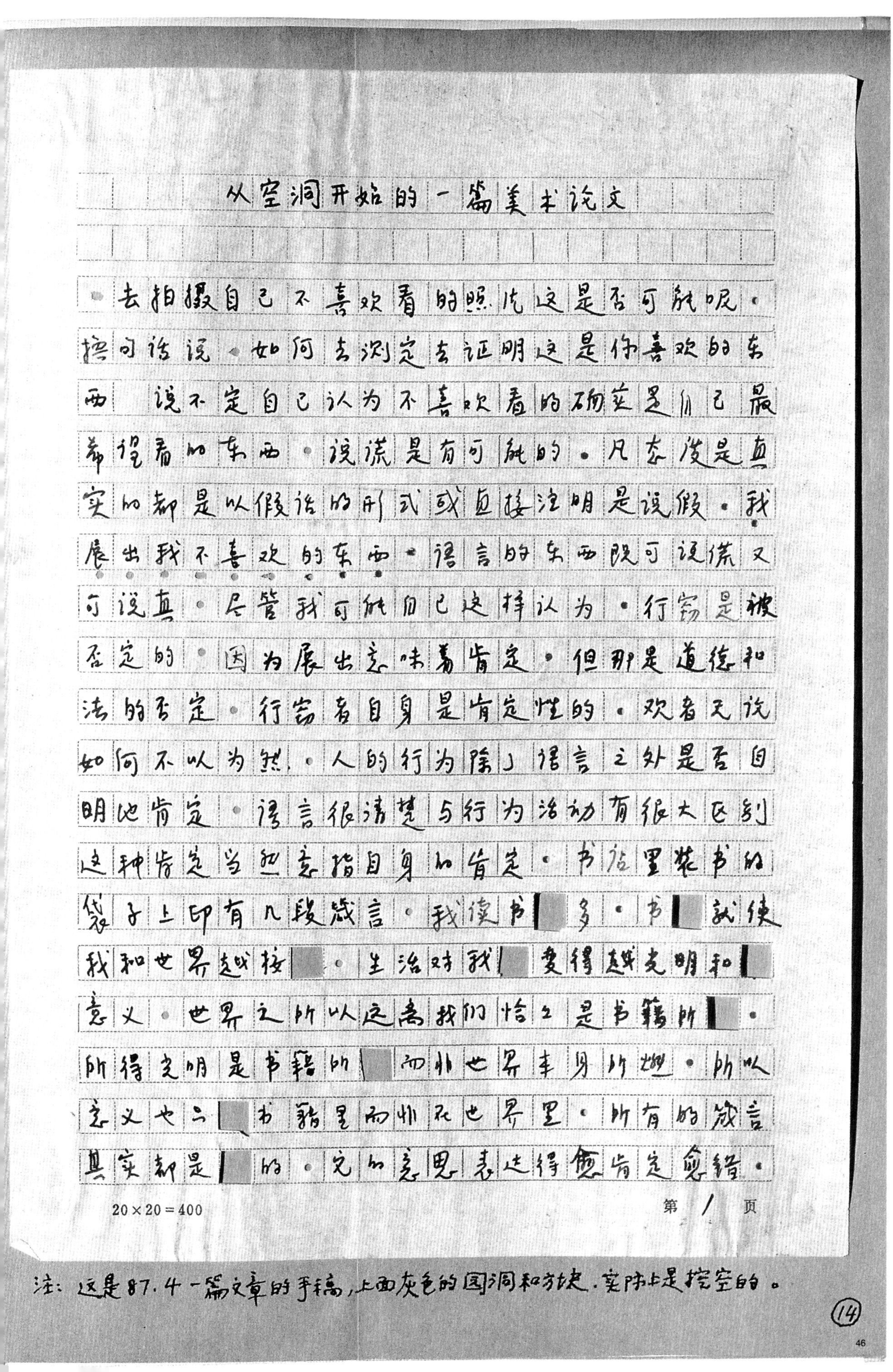


46　黄永砯《册页1》
1980–1989

47

49

47、48　黄永砯在厦门工作室制作《非表达绘画》　1985

49　《非表达绘画 1、2》　1985　厦门

50　转盘　1985　厦门

51　《非表达绘画 3》　1985　厦门

52　《非表达绘画 4》　1985　厦门

制造一个有轴承的转盘，并分为扇形的八等分。

在画布上划分潜在的和转盘对应的等分

将工作室中现有的各种颜料进行编码：

绿（涂料）--1，翠绿（色粉树胶）--2，土黄（色粉树胶）--3，绿（油墨）--4，红（色粉树胶）--5，黑（色粉树胶）--6，红（色粉树胶）--7，中黄（色粉树胶）--8，黑（油墨）--9，群青（色粉树胶）--10，大红（油墨）--11，淡黄（涂料）--12，黑（硝基漆）--13，兰（油漆）--14，白（油漆）--15，黄（油墨）--16，红（丙烯）--17，洗笔油--18，洗笔油--19，青（丙烯）--20，赭石（油墨）--21，桔黄（丙烯）--22，白（油墨）--23，白（涂料）--24，白（色粉树胶）--25，这些颜料的编码完全是随意的。

制造和颜料编码相对应的骰子。（颜料 1）--（骰子 1）。

用转盘去选择画面布局。

用抓骰子的方法去选择已编码的颜料。

用转盘转八八六十四遍作为画面的最终结束，以解决什么时候结束一幅画（即完成）。而六十四遍完全是自我规定的，并没有什么必然性。

在选择颜料与布局，决定完成的最终样式上用随机方法去解决，使我面对非视觉，非审美的数字有可能摆脱纯形式规律有意无意的支配。有可能摆脱个人对色彩和布局的偏好，把所有的颜料当作同一的东西，其中没有冷暖、色相之差，没有油性和水性之别。把所有的布局都当作好的布局，也就是无所谓布局之好坏，让颜色和布局都丧失意义。

当随机的方式把我引入如下顺序时：

9 → 13 → 18 → 20 →甲

黑（油墨）→黑（硝基漆）→洗笔油→青（丙烯）→乙

我用甲的方式思考，9→13 作为数这秩序并没有什么冲突，也没有优劣和偏好。当我用乙的方式思考，在黑的上面加黑的，不是多余吗？在油性上加水性不是难于附着？同样油性上硝基颜料附在一般油墨上将发生角裂、结快，以至完全脱落？青的颜色置于脏的洗笔油上岂不难看？应用乙的方式思考我们在制作中充满心理障碍。而应用甲的方式思考就使们在使用红色时不把红色当作红色、不把作画当作作画。

当转盘随机停止的字码规定了画布的潜在布局时，并引导我在一块画布的右下角重复叠时：

1→2→3→4　——旋转次序

8→8→8→7　——转盘字码

8→8→8→7　——画布对应编码

作为形式规律的构图之均衡、变化、空灵、统一等等都完全丧失，大大消弱一般作画的审美意识，而只当作一种自然事件来完成。

——摘自黄永砯的《一种按程序进行（自我规定）而又与我无关的（非表达）绘画》（1986. 1）

50

51

52

54

53 《四个轮子的大转盘》 1987 厦门
54 《大转盘第 47 条,潮湿的手段》 1987.12.1 厦门
55 《正面发痒,背面发麻》 1987.2.4 厦门
56 《大转盘第 127 条,捆绑一种软体》 1987.11.20 厦门
57 《大转盘第 151 条,醋和蜡》 1987.11.29 厦门
58 《1980 年临摹的油画 1987 年 12 月 1 日在洗衣机里搅拌五分钟》 1987 厦门

57

55

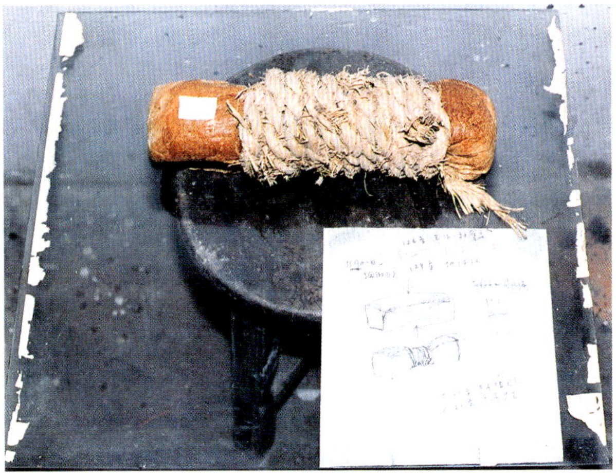

56

53

58

59 《大转盘》 1987 厦门
60 《大转盘》制作现场 1987 厦门
61 《大转盘》草图 1987 厦门

转盘外圈 384 条目中的 52-75 条目：

52.一种储存起来
53.苍蝇拍复制
54.哑声唱法
55.靠不住的涂改
56.开门的方式
57.内脏模型
58.平躺着制作
59.家系图
60.称体重
61.很快凝固的液状
62.坐垫复制
63.把东西张开的器械
64.制作人体解剖模式
65.挤出径新简让
66.烘干器

转盘内圈条目：

12.被寂褐的表着已的
67.绳子打结
68.把（ ）作废
69.背靠镜子观看镜子
70.检查抽屉
71.信封封启
72.用纸糊墙

13.正面和背面混淆
73.石膏衣物
74.设计各种
75.左边和

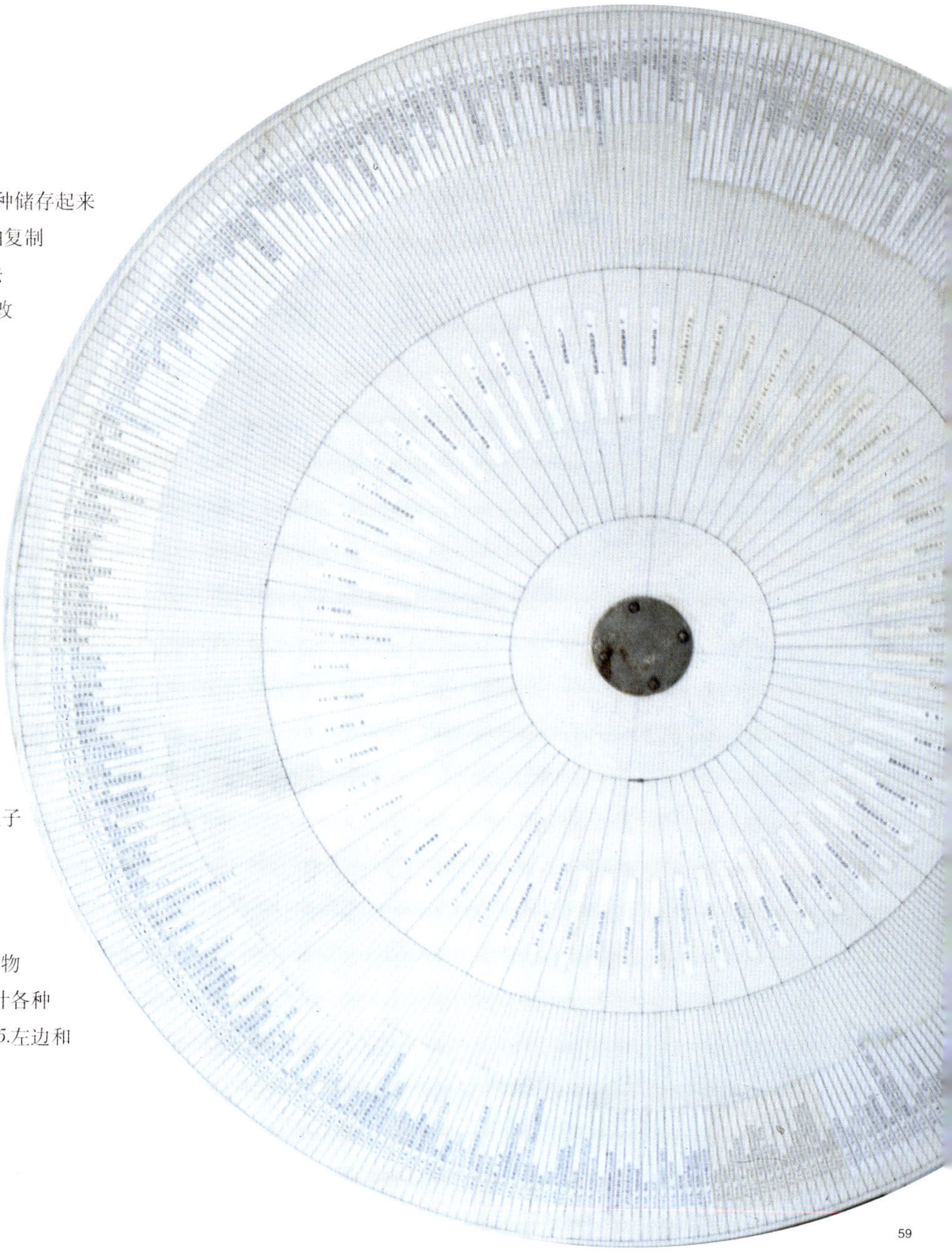

59

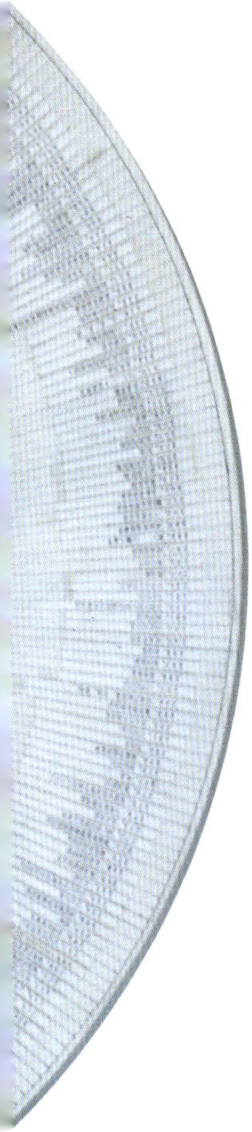

60

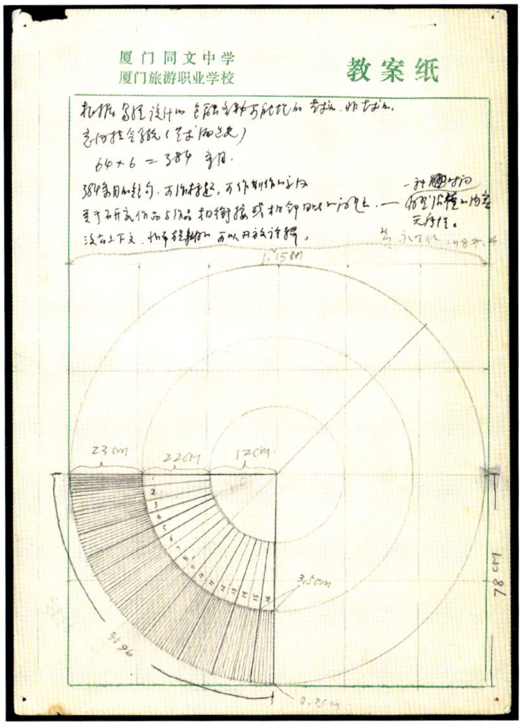


61

大转盘是研究作品与作品相衔接或相邻，也就是单一作者在一个连续的时间里1987年——1988年，或10月15日——10月21日——10月22日，时间的自然沿续但内容却无内在联系，由此达到反时间，以至每件作品与它以前发生或以后发生的东西都是独立的。当然独立事件不能作绝对理解，特别是考虑我自己作的作品是否独立于我，即作者与作品关系问题。为什么使用投注硬币、骰子，转动转盘，抓阄，摸球，抽签，拈簏能使动作和结果产生独立事件，硬币和骰子下落的方式、转盘停留的点以及类似蒙眼的抓阄、摸球，都是使动作不受眼睛——大脑判断的干预，而我深信大脑的局限性，由此考虑"自我丧失"的问题。为解决这一问题我提供两个途径 1、是"别人"的创作，别人参与在没有计划没有预先模式的情况下，2、"我自己"的创作，限制性的，限制眼睛功能和限制大脑功能；灰尘作品属于第一类，大转盘作品属于第二类。关于大转盘，除了上述的"反时间"外，我必须着手分析内圈和外圈的关系。384条条目的内容，以及它的解释问题。内圈和外圈的条目没有内在联系，只不过是二个句子比单个句子更能提供理解或确定其含义的语境。384条条目分为几个类型：

一、指称或专名：如14、糊墙纸，16、硫酸物质，6、86页，22、过滤装置，24、信物，73、石膏衣物，75、烘干器，274、一种空中捕鸟器，等。

二、较明确的指示性语词：

1、制作一台打字机，18、乐器改装，19、作一幅透视图，27重新来一次（此项作废）28、打开你首先遇到的东西（所有的东西都是可打开的），58、平躺着制作，62、坐垫复制，76、随手打开电视机拍摄黑白片，等。

三、含糊不清的指示性语词：

13、正面和背面混淆，26羽毛覆盖，282、使人麻木的感应，313、把（ ）切成薄片

四、无意义语词：

12、被寂褐的表着已的，21、手在过吸周息，65、挤出径新简让，等等。

关于这些条目的解释问题可作标题，作备忘录，作构想，作启发性文字，可正解、反解或无解。这个大转盘虽然有许多可能性，但它仍然无法超越我生活的世界，我的可能性将大大不同于别人的可能性，这就是局限所在。

——摘自黄永砯的《册页1》 1980-1989

集这二年转盘之总和，我已设计一种在大转盘，由六个小到大的圆盘组成，每一个转盘有自己的轴承，不会互相干涉。我正在做一个直径 34cm 的模拟装置……

六个盘子上的内容未全确定，这种东西古代称之为“轼”，算命之用。我称之为“询问机”，从中寻问合适的行动，以便摆脱个人选择的责任和大众对意义的追问。首先遇到的问题是动还是不动，制作还是不制作，如果制作的话，制作什么？我只能去问转盘，转盘必须能回答我，给我限定，否则转盘则失去效能，但这非常复杂，其中包括：何时动？何处动？动什么？如何动？后二者特别难指定，其中有一个问题，如何把转盘上的文字指令转变为具体物象，文字和物象是两回事（上次那个大转盘很多条目无法制作），二种转盘方式，一是文字指示，二是图像显示，各有利弊……

六个转盘分别提供决定：动，还是不动；提供方位：1°–360°东、西、南、北；提供时间：子、丑、寅、卯、辰、巳、午未、申酉、戌、亥、子（24 小时）；提供布局：阵法（按道教咒文改变）；提供材料：金（干）、木（酸）、水（咸）、火（苦）、土（潮）；提供形式：当今艺术史整本缩小按图码排列……

使用转盘规划，诸如：
净手（洗手）
焚香（或蚊香）
脱衣（一至二件不等）
解晦（掀掉盖在转盘上的罩布）
不二问（无论得什么结果都不能试图第二次转动）——最重要的一点
韬晦（用完复盖罩布）
——摘自黄永砯1988 年 10 月 19 日给费大为的信

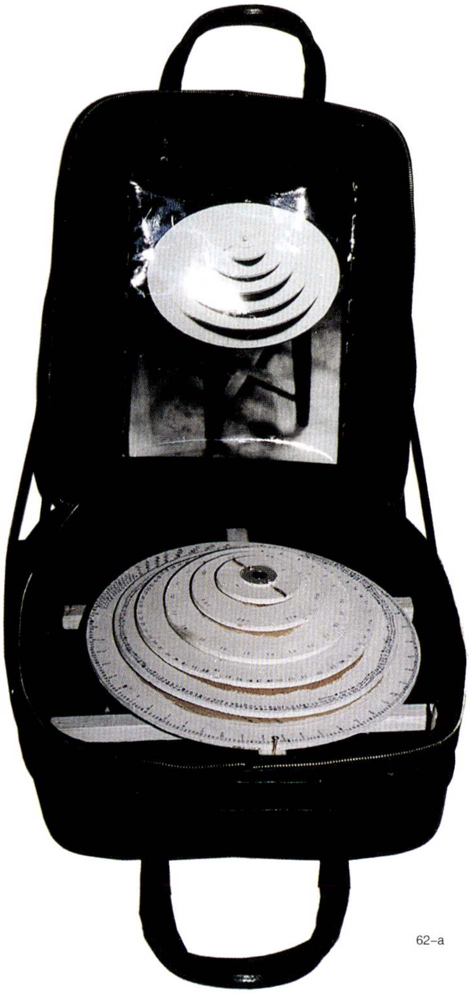

62–a

62（a、b）《六走向小转盘》 1988 厦门

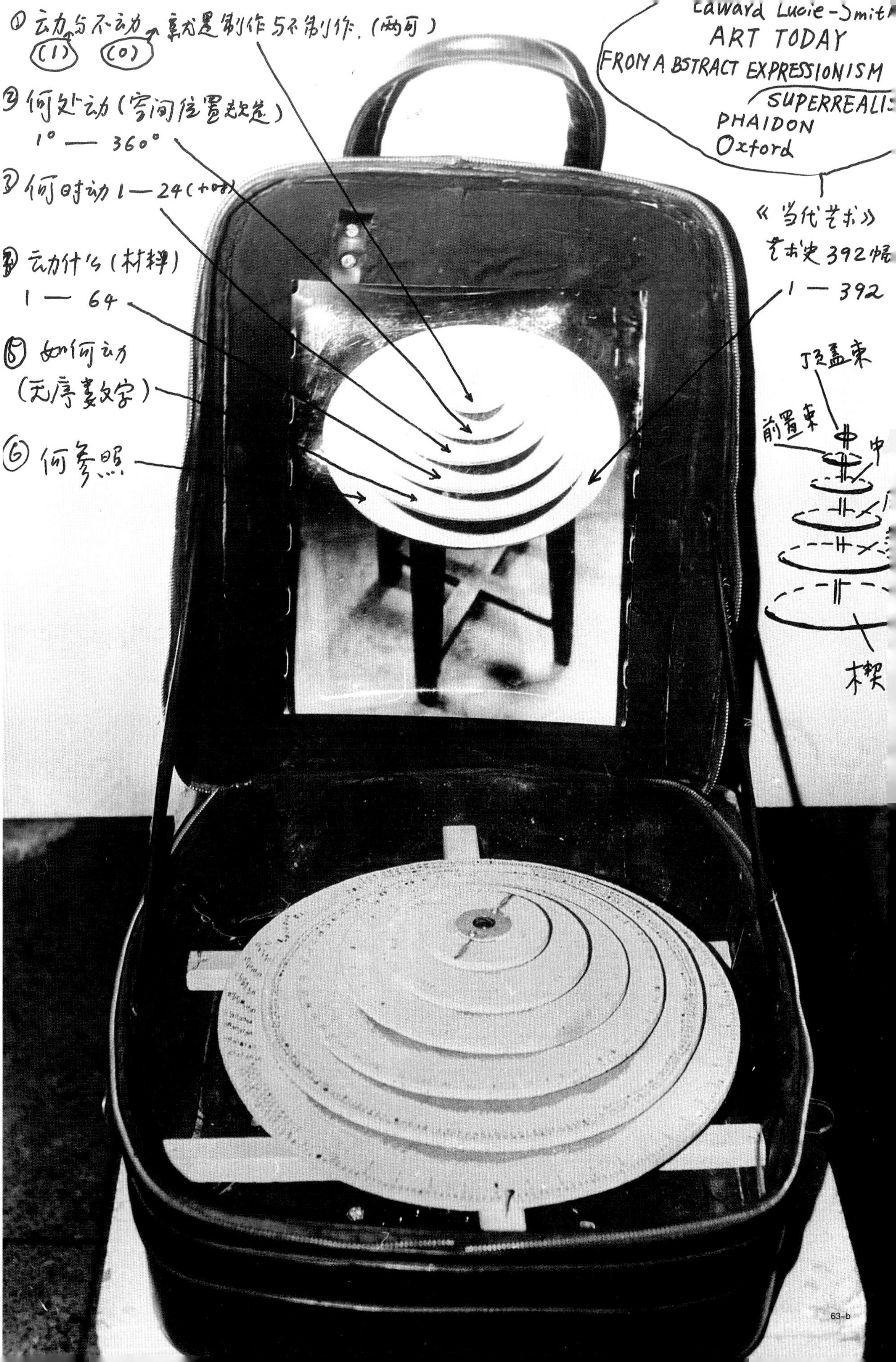

① 动与不动 就是制作与不制作.(两可)
(1) (0)
② 何处动
1° — 360°
③ 何时动 1—24
④ 动什么(材料)
1 — 64
⑤ 如何动
⑥ 何参照
ART TODAY
PHAIDON
Oxford
《当代艺术》
1 — 392
前置
中
楔

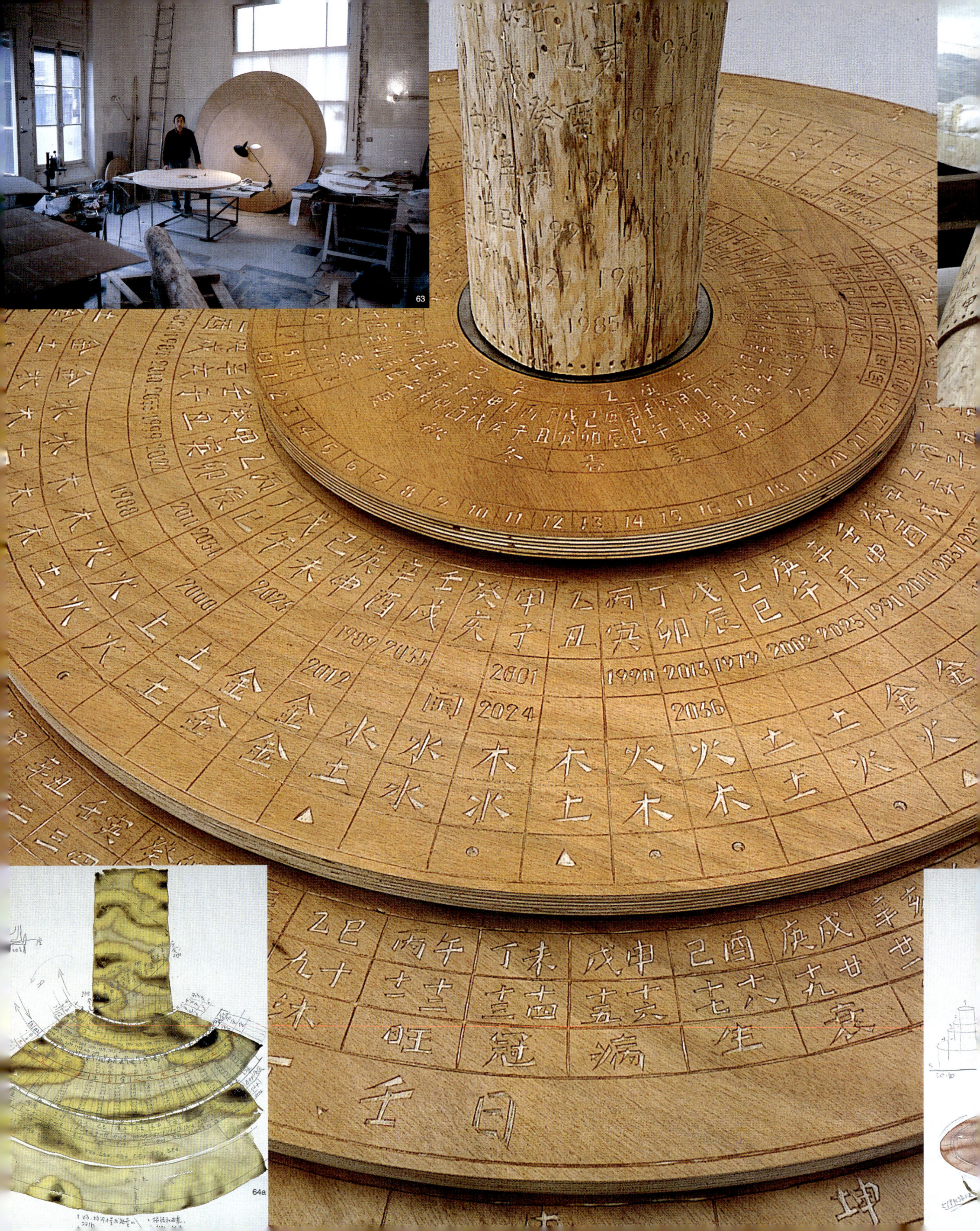

63

64a

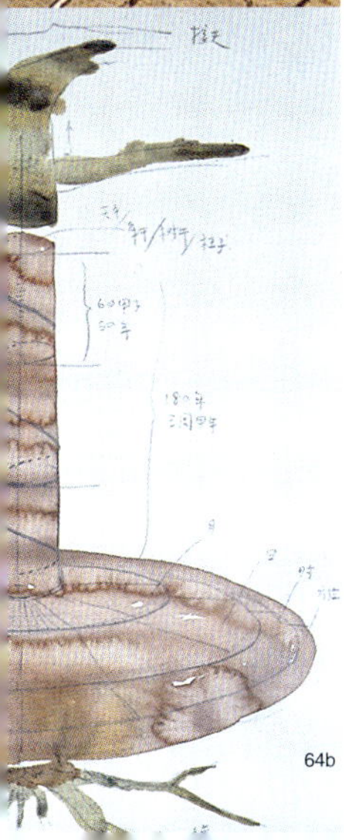

64b

65

63 《大转盘》在巴黎工作室　1991
64 《大转盘》(a.b)(局部)和有关草图　1991
65 《大转盘》　福洛门和彼特曼画廊　1991
巴黎
66 《占卜者之屋》中的大转盘　1992　巴黎

66

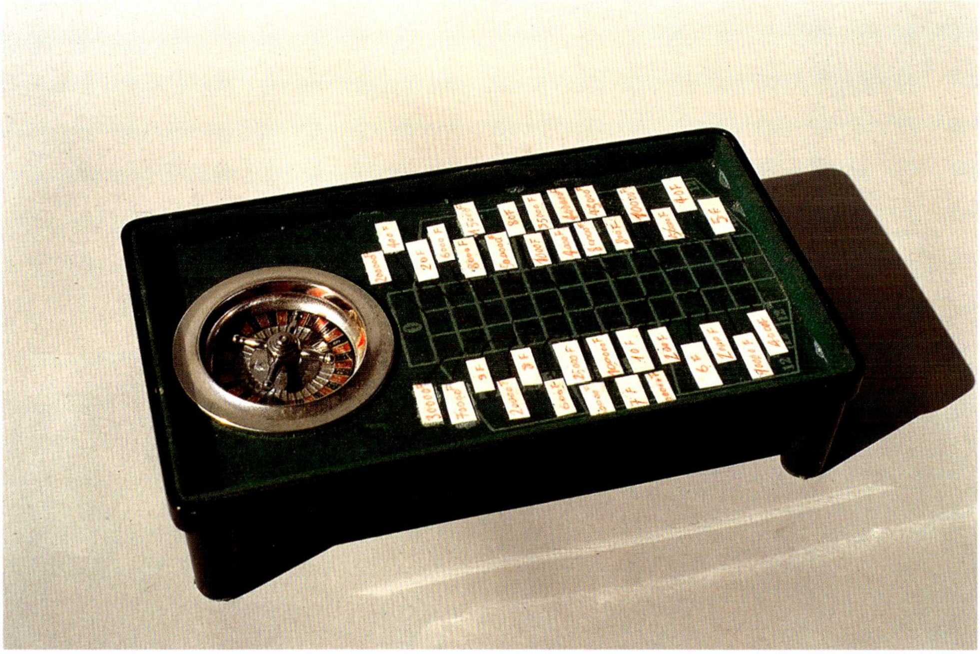

67

关于使用转盘来确定作品价格的说明：

1、双方必须遵守一次转动不二问的原则，不论所得结果如何。

2、由购买者转动转盘，待转盘自然停下，红色标记对准格子内的数码时，就确定了所购作品的价格。

3、当红色标记对准两个数的中间线时，可进行第二次转动。

4、某个数码之所以代表某个价格（如 N10-8F），是由"抓阄"的办法获得的，没有必然联系。

5、这些数码分别代表从 5F-500000F 的作品价格，O-表示中止所欲买卖作品的活动。

6、存在着一件艺术作品什么价格才是合理的这一问题吗？

| | | |
|---|---|---|
| 1--30000F | 14--25000F | 26--300000F |
| 2--200000F | 15--80F | 27--800F |
| 3--400F | 16--60000F | 28--6F |
| 4--70000F | 17--1000F | 29--45000F |
| 5--20F | 18--35000F | 30--1000F |
| 6--9F | 19--7F | 31--90000F |
| 8--8000F | 20--100000F | 32--2000F |
| 9--15000F | 21--40000F | 33--50000F |
| 10--8F | 22--10F | 34--4000F |
| 11--20000F | 23--400000F | 35--5F |
| 12--500000F | 24--80000F | 36--40F |
| 13--600F | 25--200F | |

第 18 层三：二十八宿界限

第 18 层二：二十八宿分度五行

第 18 层一：二十八宿分度

第 17 层：浑天星度五行

第 16 层：盈宿六十龙

第 15 层：天盘缝针一百二十龙

第 14 层：天盘缝针二十四山

第 13 层：二十次野

第 12 层：十二次盘

第 11 层：二百四十分金盘

第 10 层：透地六十龙盘

第 9 层：人盘中针一百二十龙

第 8 层：人盘中针二十是四山

第 7 层：二百二十龙

第 6 层：穿山七十二龙

第 5 层：二十四节气

第 4 层：底盘正针二十四山

第 3 层：二十四星盘

第 2 层：地母翻挂九星盘

第 1 层：先天八卦

67 《小赌盘》 1992 巴黎

68 风水罗盘

69 《占卜者之屋》里的小铲车，内装有罗盘和土

70 《四轮转盘车》模型 1993

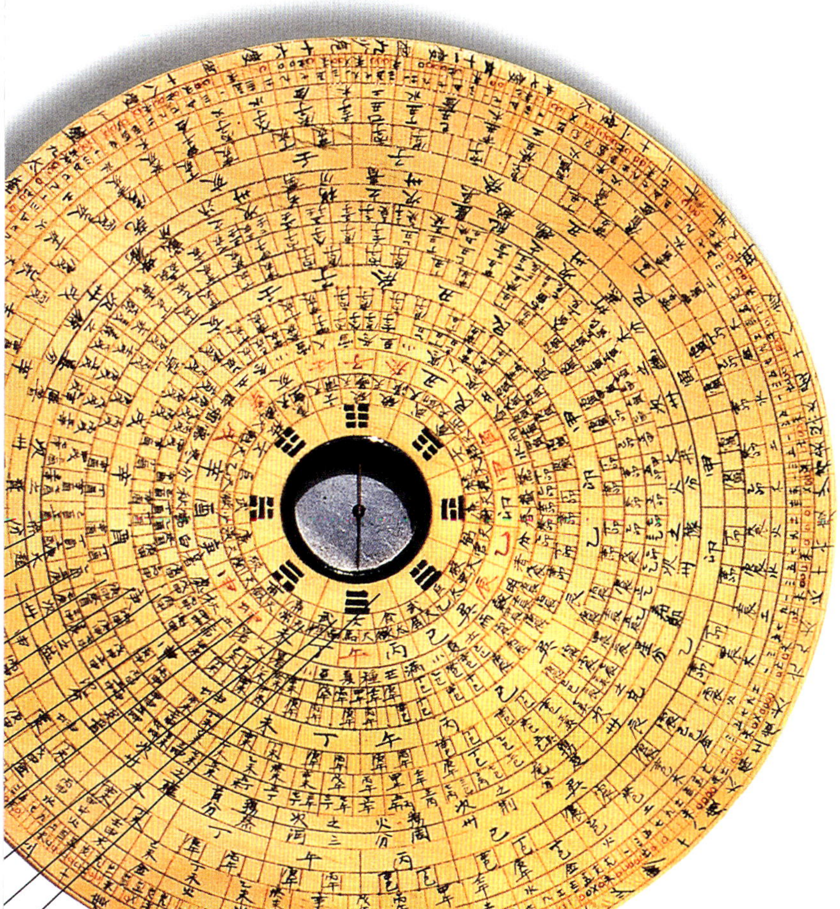

68

69

70

(543-622)

《543-622》给 2000 年的计划（此计划未实现）

这个装置在 chapelle st louis salpetriere 的祭坛立一座“摇经筒”，由一根高 10M，直径约 0.6M 的树干支撑，“经筒”高 4.6M，直径 2.8M，内装有电动马达，当它旋转时，它的“垂摆”[illegible]约 9M，在祭坛和边上二厅地面四周铺上阿拉伯地毯，参观者进入这一装置必须脱鞋在这个计划中我试图兼容三种不同的宗教精神，将三种不同的宗教符号放在同一时空：

一个是基督教小教堂空的场所，它的历史遗迹和背景。

一个是来自西藏佛教徒日常所用的手摇经筒，它被放大，并树立起来，当它静止时，像一座塔；转动时像一把张开的伞，或是一棵“菩提树”。

一个伊斯兰清真寺的地面陈设--铺上[illegible]进入清真寺必须脱鞋的习俗。

西历 2000 年，这一年是佛历 2543 年，[illegible]38 年，[illegible]543 年后产生基督教，过了 622 年产生伊斯兰教。我用（543-622）来表示世界三大宗教分别产生，所间隔的时间空档，以及它们之间的联系，并用它作为这个计划的标题。

79

这个展览是由一个旋转的中心开始的：在一个木制的教堂模型里，一个喇嘛摇经筒匀速地转动……这是1999年我为法国巴黎秋季艺术节在圣路易沙培也教堂所做的有关模型。

这个计划最终没有实现，但却使我产生了另一件作品"嗡嘛呢叭嘿吽"（Om Mani Paame Hum），这个计划实现在纽约Barbara Gladstone Gallery，一个长3.4m，宽2.16m，高2.16m的摇经筒，用红铜、黄铜、银色金属，以及一根直径45cm，长6m的大木柄组成。我把它们分解成三个物品散置在空间：盖子像个"盾"，盖在地上；托盘和柄像一把短刃长柄的"矛"，中间经筒像一个旋动的"大转盘"。把摇经筒当作一个转盘，摇经筒是用手来看，眼来听，是用来代替阅读的器械。你每摇一圈就是阅读一页。这件作品分解这个"器械"，但分解和打开并没有使这个"器械"变得更加明了，反而更加神秘。"嗡嘛呢叭嘿吽"的"原义"是莲花、宝珠。"延义"是用一宝物去聚集众宝。它的"歧义"是所有的工作当代简化为一个字，一组词，一句短语，然后可以进入无穷的循环之中。

78 《543-622》 草图 1999 巴黎

79 《双卷风》 巴巴格尔斯顿画廊 2002 纽约

80、81 《嗡嘛呢叭嘿吽》 巴巴格尔斯顿画廊 2002 纽约

80、81 《嗡嘛呢叭嘿 吽》 巴巴格尔斯顿画廊 2002 纽约

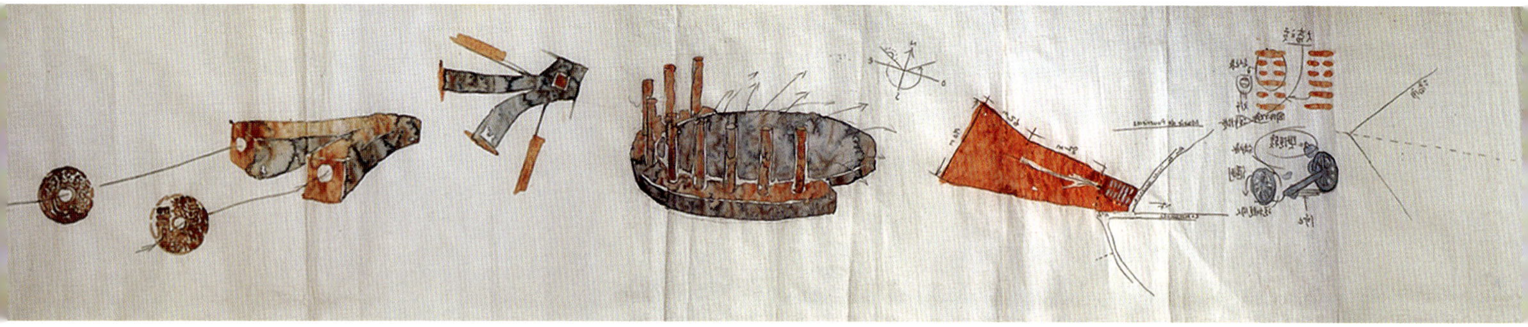

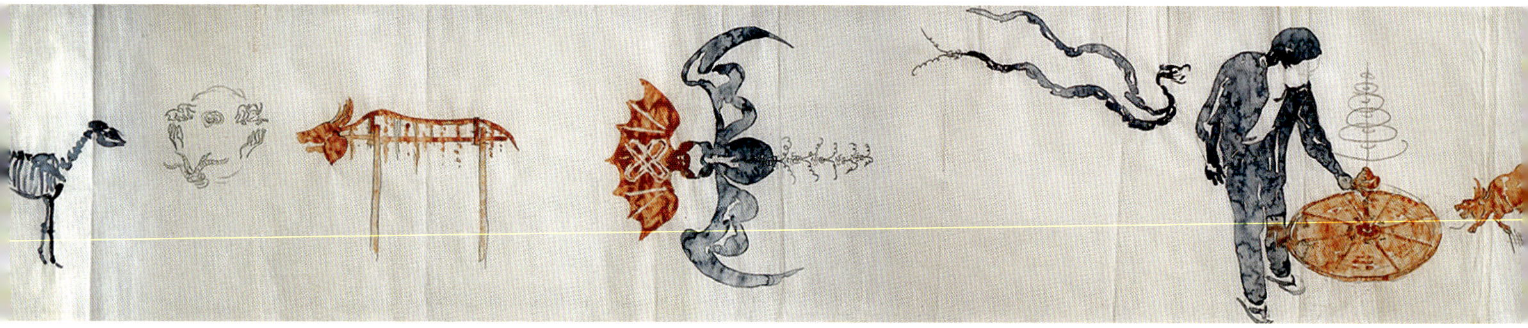

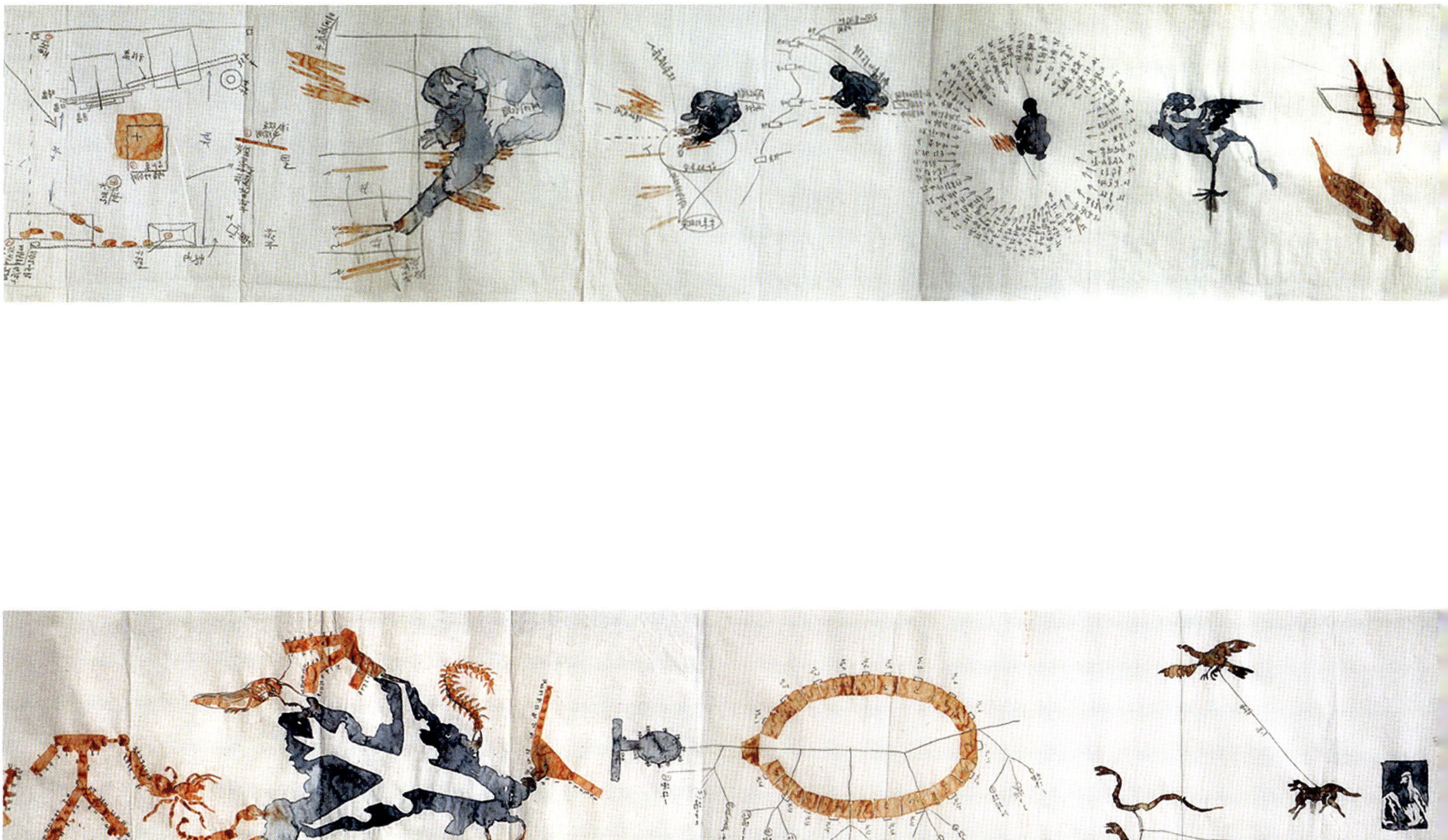

82 《长卷》 巴巴格尔斯顿画廊 2002 纽约

"思路"能不能用一种图形来表示？它像一张导游图一样，指示着路径，大路，小路和叉口，停靠点。定义的中心，范围以及它们之间的相互关系，它像地图一样可供你阅读，同时也使我免于遗忘，和产生新的路径。

"思路"之所以难于用通常的文字形式，因为它经常不是线性的，从左到右，它经常是多线的，交叉的，连环繁衍的。比方说，"洗涤"这个概念可用下面方式表与之有关的，以及一个扩散的概念。

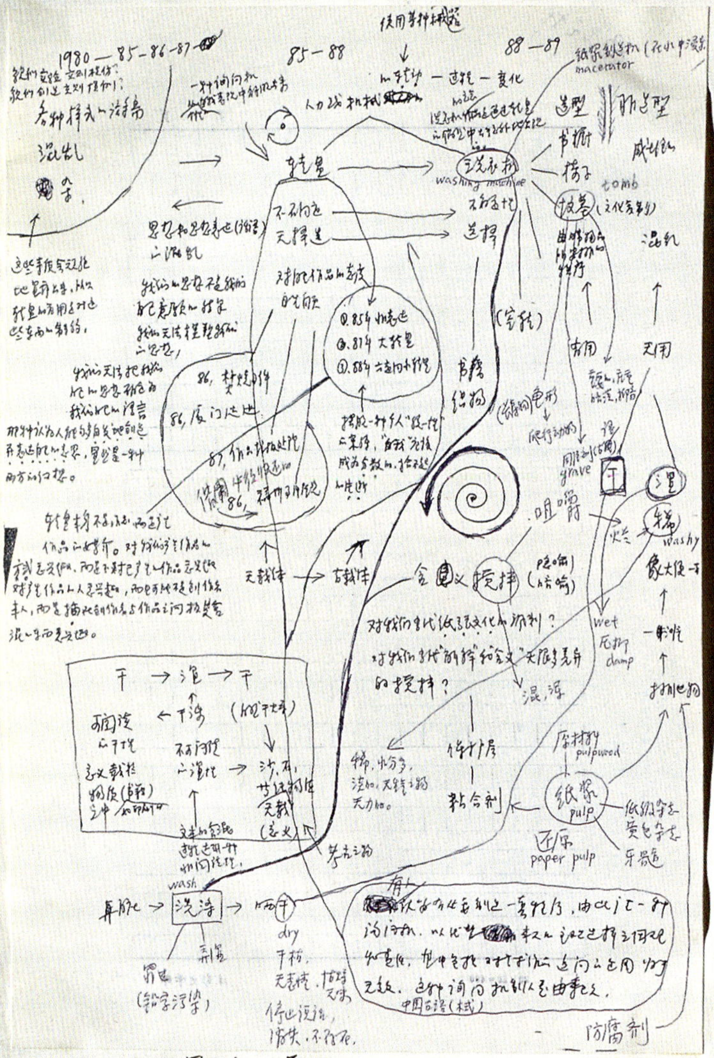

1，"85－88年思路的草图，厦门，1988

2，1987年在厦门工作室用洗衣机洗书，照片，1987

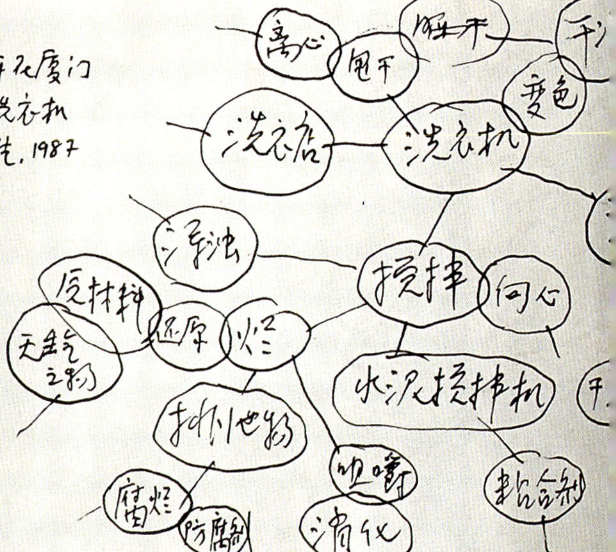

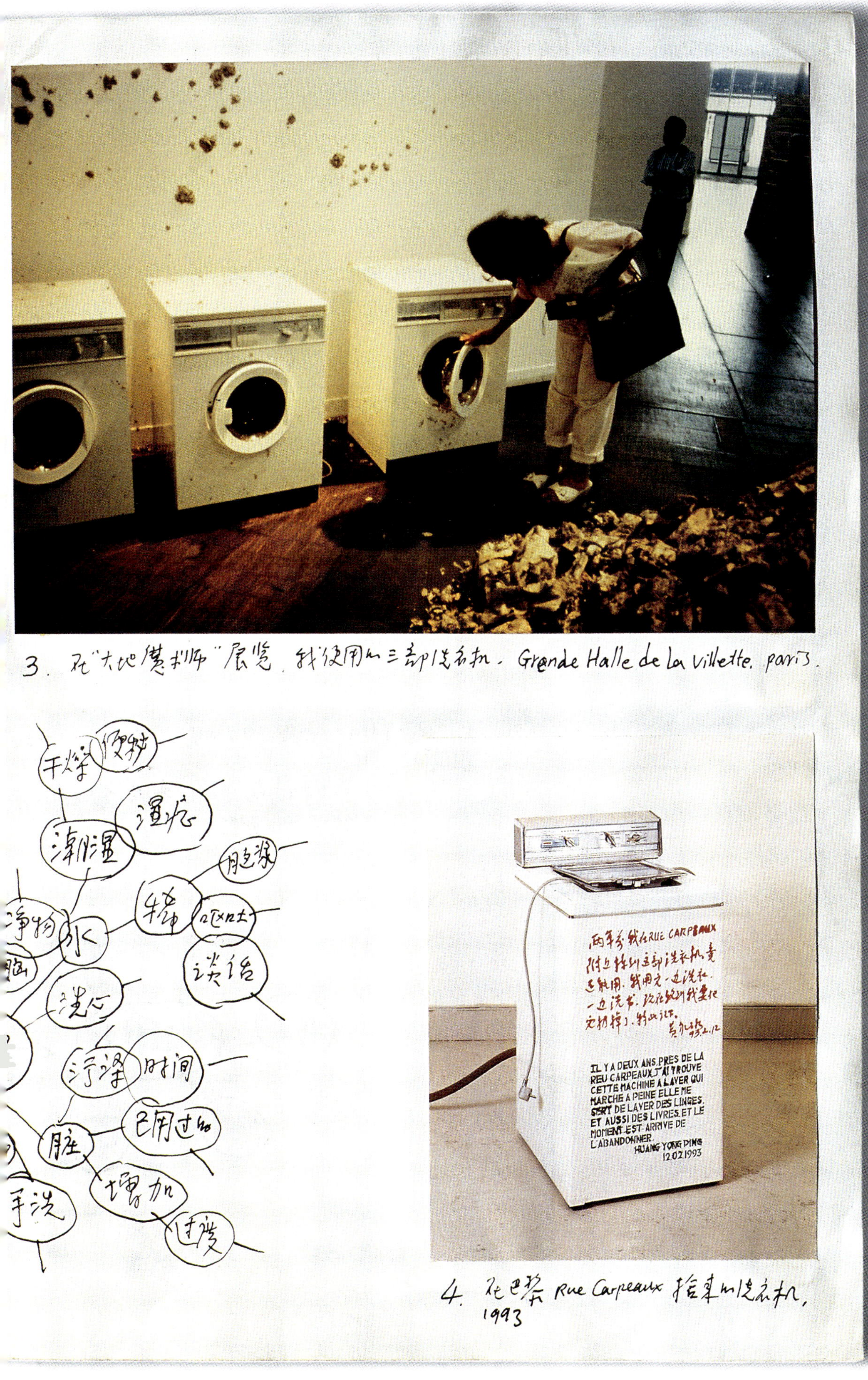


86 黄永砯《册页 1》
1989–1997

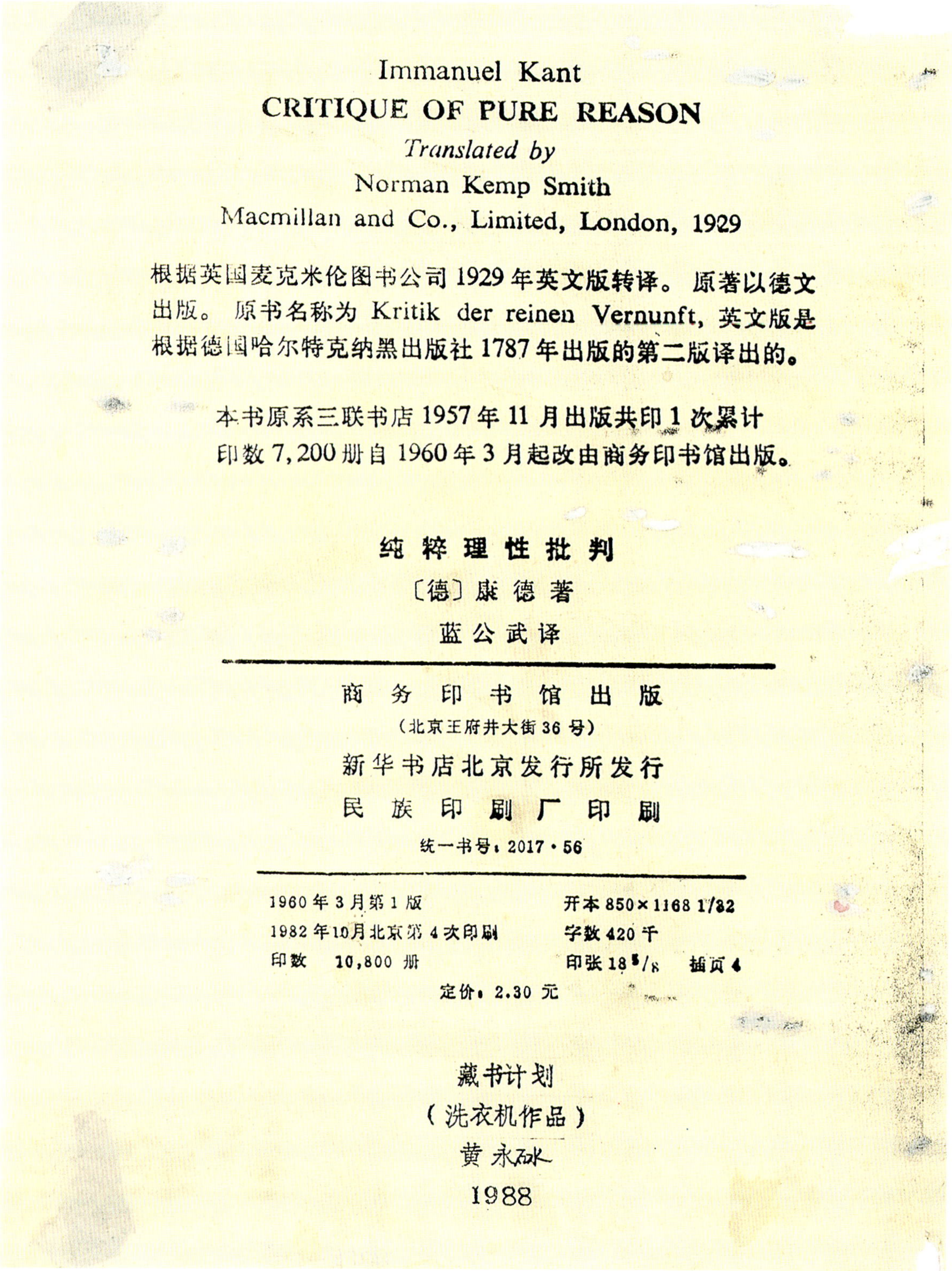
Immanuel Kant
CRITIQUE OF PURE REASON
*Translated by*
Norman Kemp Smith
Macmillan and Co., Limited, London, 1929

根据英国麦克米伦图书公司1929年英文版转译。原著以德文出版。原书名称为 Kritik der reinen Vernunft，英文版是根据德国哈尔特克纳黑出版社1787年出版的第二版译出的。

本书原系三联书店1957年11月出版共印1次累计印数7,200册自1960年3月起改由商务印书馆出版。

纯粹理性批判
〔德〕康德 著
蓝公武 译

商务印书馆出版
（北京王府井大街36号）
新华书店北京发行所发行
民族印刷厂印刷
统一书号：2017·56

1960年3月第1版　　开本850×1168 1/32
1982年10月北京第4次印刷　　字数420千
印数 10,800册　　印张 $18^{5}/_{8}$　插页4
定价：2.30元

藏书计划
（洗衣机作品）
黄永砯
1988

87

87　《藏书计划》（洗衣机作品）的书页　1988　厦门

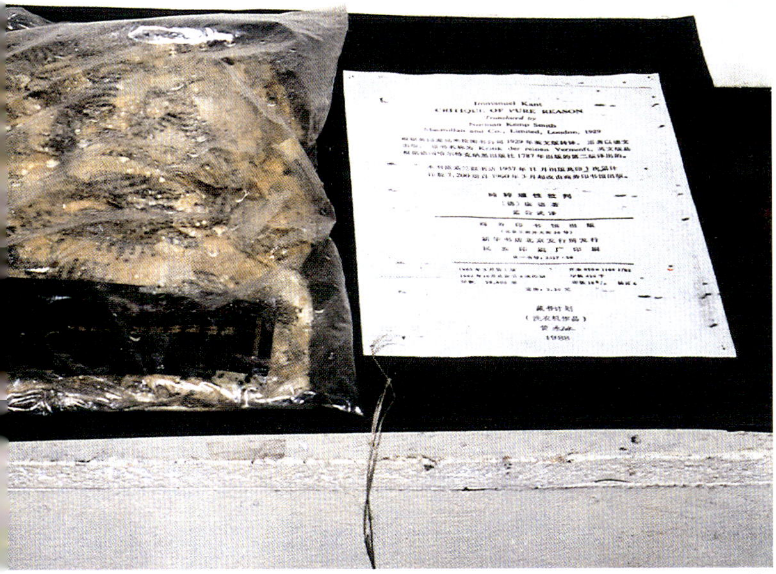


88

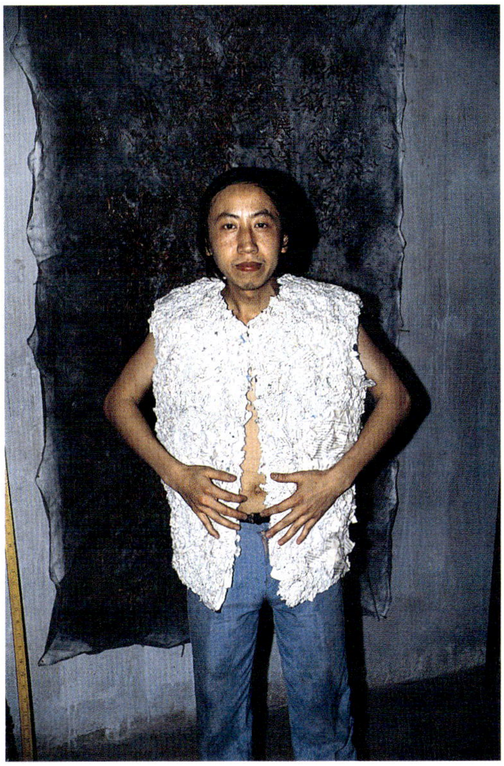

90

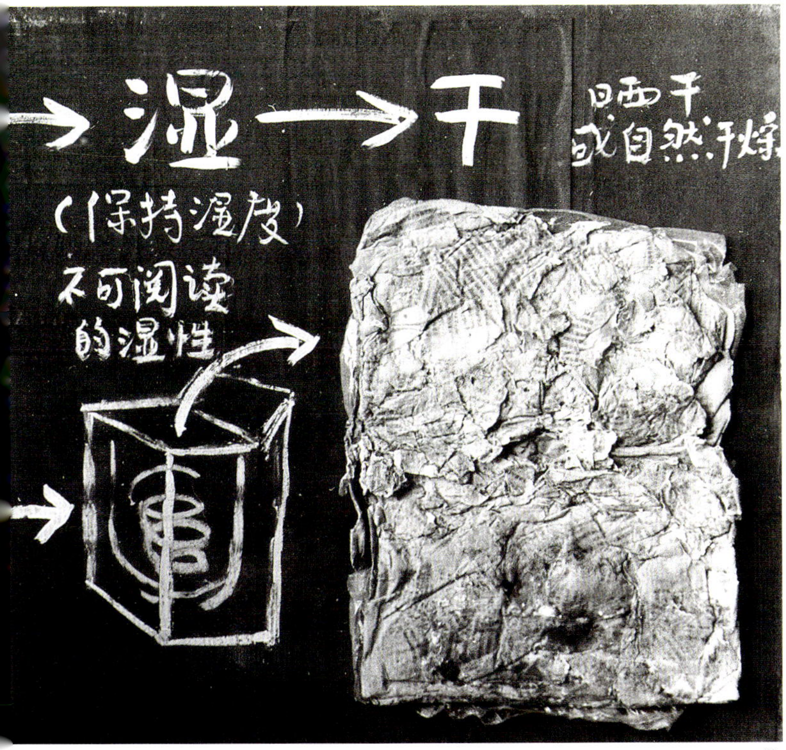


89

91

88　《藏书计划》（洗衣机作品）　1988　厦门

89　《藏书计划》（洗衣机作品）草图　1988　厦门

90、91　《救生衣》　1988　厦门

92

93

- 书籍 报纸
  - 特殊文本
    - 《中国绘画史》
    - 《西方现代艺术史》
    - 康德《纯粹理性批判》
    - 《重建大教堂对话集》
    - → 作为一个"内容"或"含义"的混淆或融合，意义的溶解或还原。
  - 一般文本
    - 作为一种补养品（文化补养品）或粘合剂（粘合创伤）
  - 公共场景
    - 公共图书馆
    - 图书馆阅览室
    - 报亭
    - → 可阅读的干性和不可阅读的湿性之间的触目，文化消费和文化销毁之间的触目

92 《坐椅》 1988 厦门

93、94 《书橱》 1988 厦门

94

JOSEPH BEUYS · MULTIPLES
SCHELLMANN
JOSEPH BEUYS · MULTIPLES

当有一个邀请，或是有人向我提出一个问题，有一件事向我“走”来（主动的），我便出来（被动的）——抛出一个“计划”：（一个主意或一个物件）人们却不认识，“为什么？”。需要解释，我就如同换上不同的衣服，不但是我的解释是衣服，就是我抛出来的计划和物件也是衣服。如果人家问你，你这个计划和你的其它计划有什么关系？（这是询问你的工作惯性）我说就是这件衣服和那件衣服的关系，通过衣服来认人这是错的，而今日的博物馆就是。服装店，人们在那里试着各种服装，然后又放回原处。

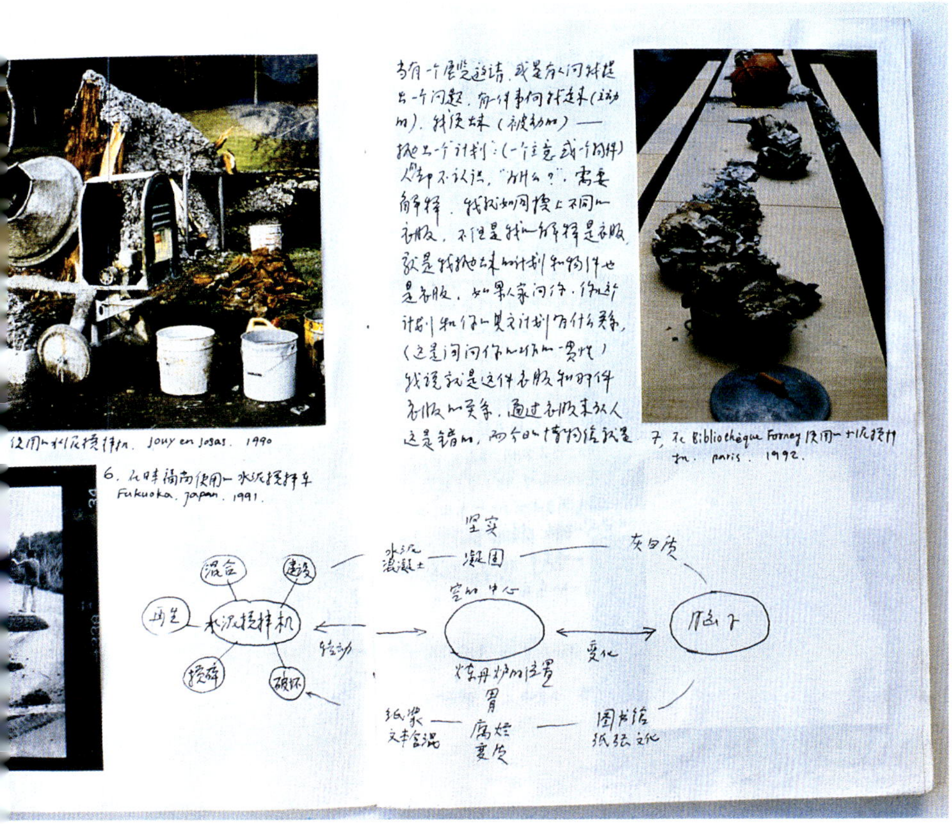

96

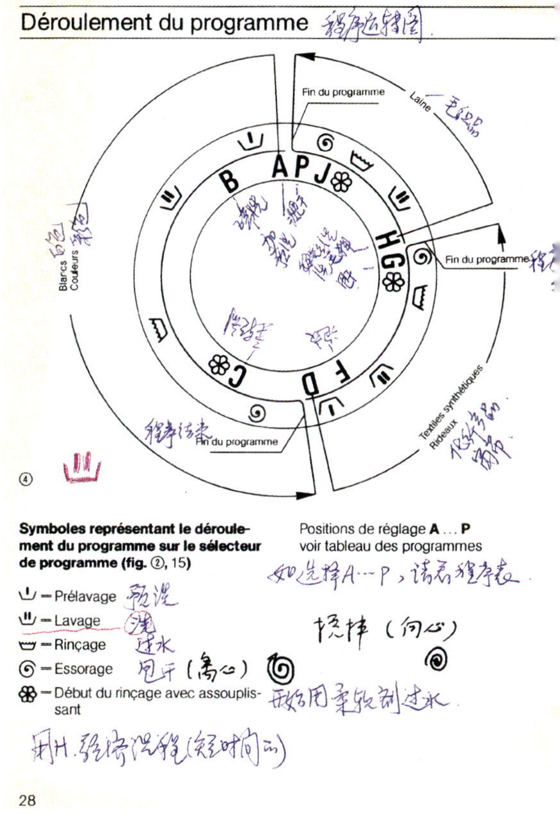


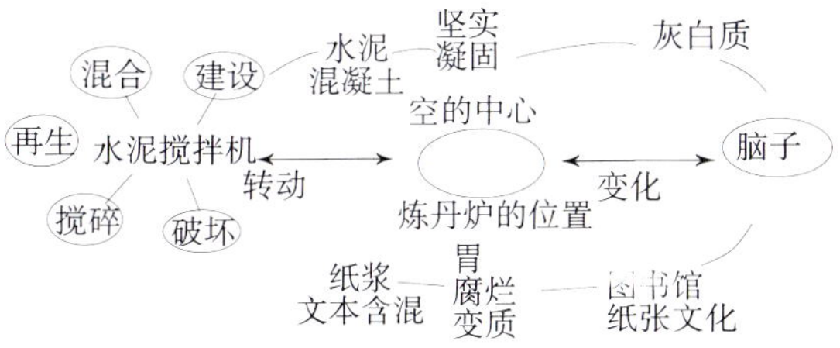


95　《约瑟夫·波伊斯死后给他的第一个电话》　1991
96　黄永砯《册页 1》1989–1997
97　黄永砯　草图　1993　巴黎

98

98 《我们还要建立一座大教堂？》 芬斯特画廊 法兰克福 1991 德国

99 《我们还要建立一座大教堂？》搅拌前的现场照片
芬斯特画廊 法兰克福 1991 德国

这个计划是根据 1988 年出版 Beuys 、Kounellis 、Kiefer、Cucci 的一本对话集。这本书启发做这个展览的意念，同时又成为这个展览的材料。展览呈现一场讨论退去之后所遗留下来的东西，只剩下桌子和凳子，谈话的结果留在桌子上（这本书在德文版和法文版通过水泥搅拌机搅拌后的纸浆），每个人的东西放在自己的座位上（搅拌后的艺术家的画册）。在这里，谈话的结果与呕吐的结果似乎存在一种相似性。

105

107

108

106

109

105 《报亭》
里欧帕·赫许美术馆 1995
106 《不可阅读的湿性》
卡内基美术馆 匹茨堡 1991 美国
107–109 《图书馆的公共食堂》
佛内图书馆 1992 巴黎 法国

110

111

112

以下"年表"是一种文句摘录的剪贴，一种拼贴的记忆，不是用来解释这个计划，而是思考过程中衍生出来的文字，这些文字给我"浮动"的意念。"中转站"是地点，"浮动"是状态，浮动使生活中的每个地点都成为中转站。

公元前219年，中国徐福率耕种、桑织、冶炼，童男童女到海中求不死之药，达日本九州，为寻找合适的登陆地点，他们将一空杯浮在海上，任其飘泊，而船队尾随其后，等杯子靠岸不动，他们才登陆，后此地称之为"浮杯"。

公元元年，基督教作为佛教和伊斯兰教的一个中转站。

1420年，狼群利用城墙的洞隙或城门把守不严钻进巴黎市区。

1556年，西班牙菲律普二世命令拆毁西班牙的一切澡堂，因为澡堂是外道的遗物。

1783年，法国商会代表讨论几年前提出的一项建议，要求把足够数量的狼运往英格兰，让狼去消灭那里的大部分居民。

1839年，中国军队在"鸦片战争"中曾计划把鞭炮绑在大批猴子背上，把猴子扔到英国军舰上。其理论是鞭炮火焰会蔓延，如巧碰军火库，就会把战舰炸毁，有19只猴子被带到军部，事实上没有人敢接受把猴子扔到军舰上的任务，这个计划终未实现。

1914年，法国拥有比自身大20倍的帝国。

1920年，阿拉伯人提出一个似是而非的议论，用右手抵抗欧洲的进攻，用左手接受和采纳欧洲的观念和技术。

2002年9月20日，我为"巴黎作为中转站"展览询问易经，得"鼎"之"未济"：只可浮行，不可陆走。

110　《藏书计划Ⅱ》　1988　厦门

111、113　《浮动的书摊》　巴黎市立现代美术馆　2000　法国

112　《浮动的书摊》草图　2000　巴黎

《爬行物》展览“大地魔术师”，这个计划用三部洗衣机搅拌的报纸做成的中国南方式的坟墓。坟墓象征着死亡和静止，而它的龟形却寓意着长寿和爬行，报纸和洗衣机成为一种“文化的洗涤”，纸浆坟墓则作为“文化死亡和再生”的意象。

坟墓作为一种形象，在中国有很强的仿自然性，从而成为自然的一部分。墓坟，冢，肿也，像山顶之高高肿起，其形象如自然之丘陵。南方的坟墓则仿动物，如龟：坟堆隆起像龟背，墓碑、墓桌像龟头，“龟头仰者谢，俯者灵”，墓扶手像龟足。中国墓地依山而造，讲究形势、方位，故有复杂的“堪舆”，可以和西方的墓地相比较，显示出不同文化间的差异。我经常使用“坟墓”这一形象，把它作为一种“中国事物”或“他性之物”。

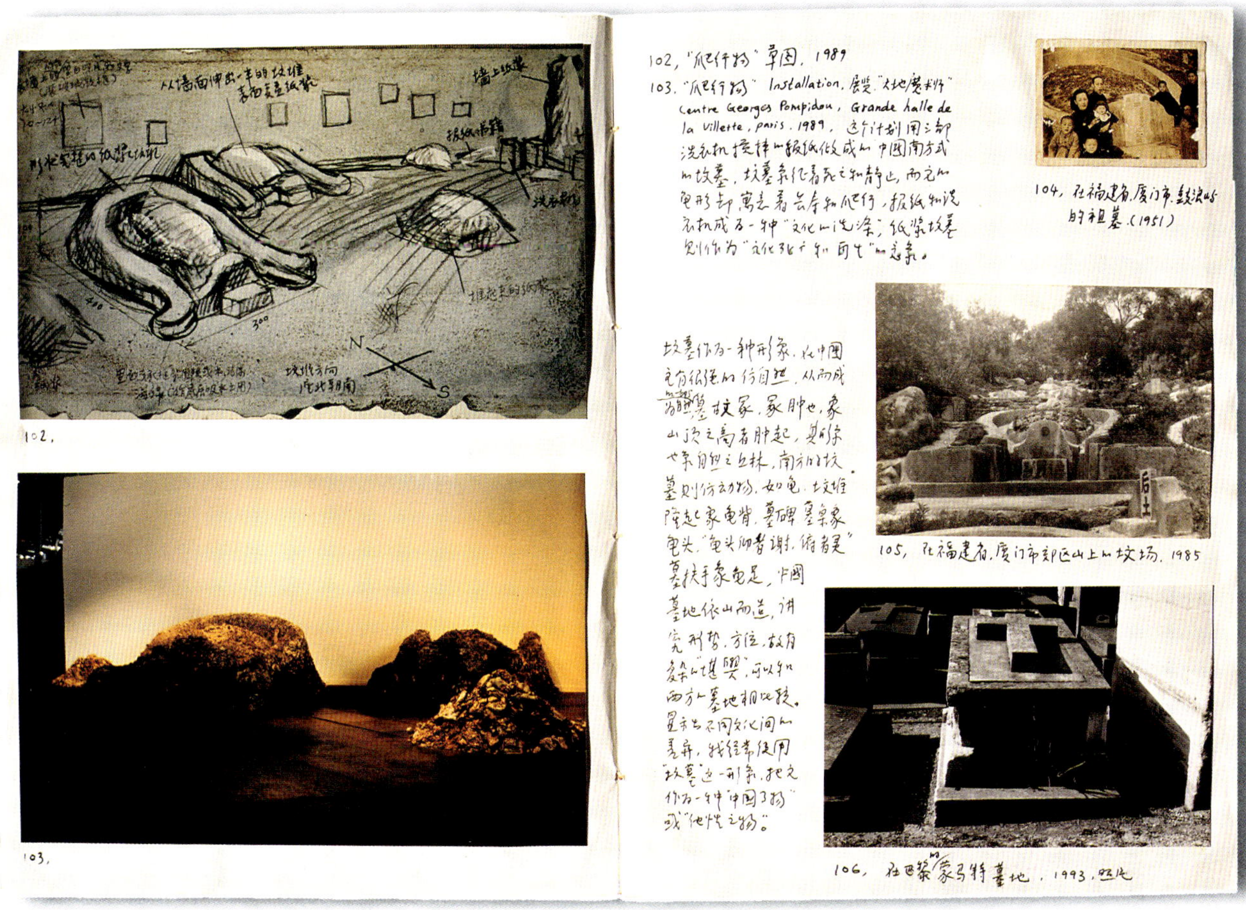


115

117

119

120

116-118 《爬行物》 拉维列特大厅 1989 巴黎
119、120 《飞行器》 1992 巴黎

《翻过来的坟墓》

这个作品的地点选择在博物馆中国收藏的展厅后面，透过其玻璃门观看，前面的藏品和后面的作品形成一种对照，与其说我这个作品利用中国藏品的背景，不如说中国藏品在我的作品背景下获得另一种意义，这个作品它既在博物馆内又在博物馆外。

坟墓 = 博物馆

翻过来的坟墓，像考古学者、盗墓者一样——博物馆的来源之一，翻过来同时也是否定性的——博物馆概念的否定。

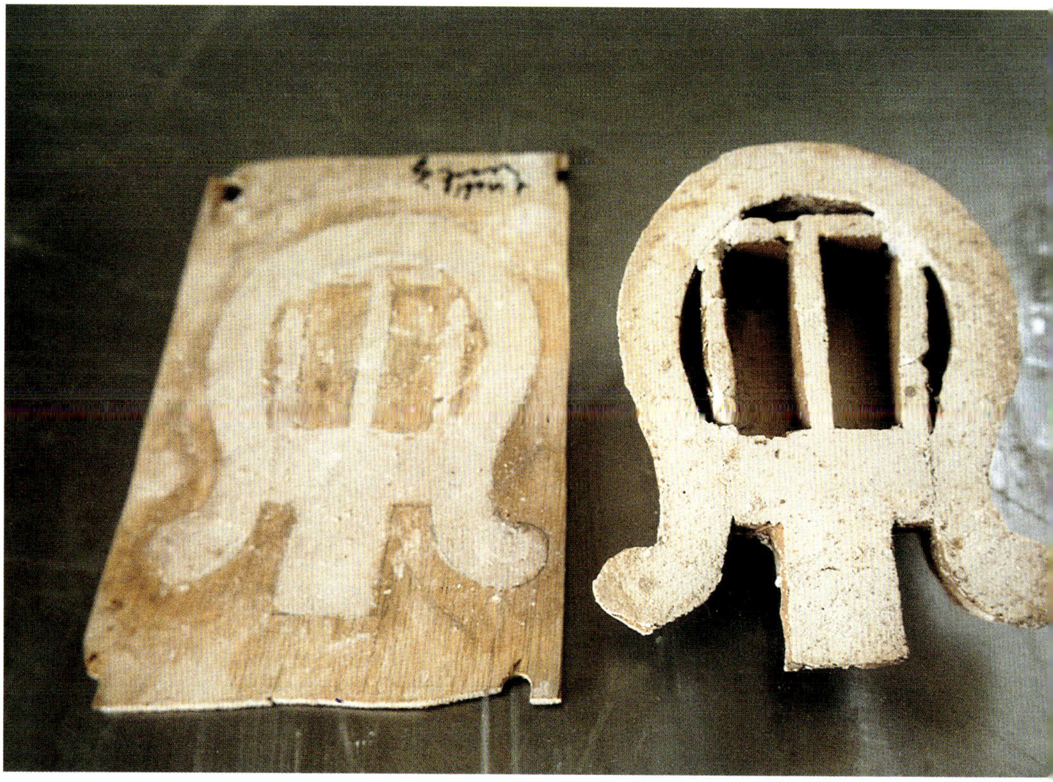

123

124

122

125

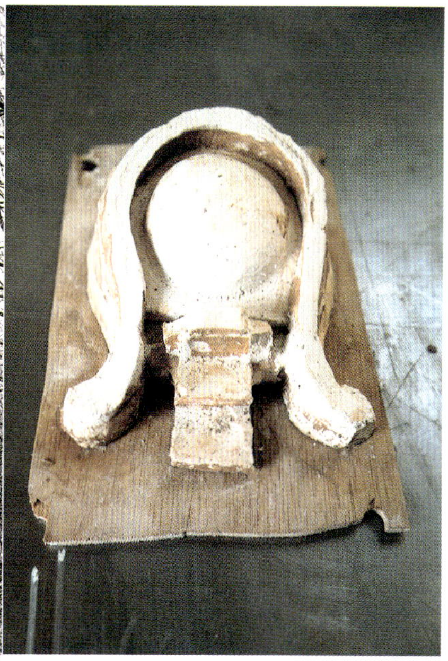

126

121、126 《翻过来的坟墓》模型 1994

123、124 《翻过来的坟墓》的实施现场 1994 荷兰

122 《翻过来的坟墓》 科伦慕勒美术馆 1994 荷兰

125 《翻过来的坟墓》 科伦慕勒美术馆公园 1995 荷兰

135

136

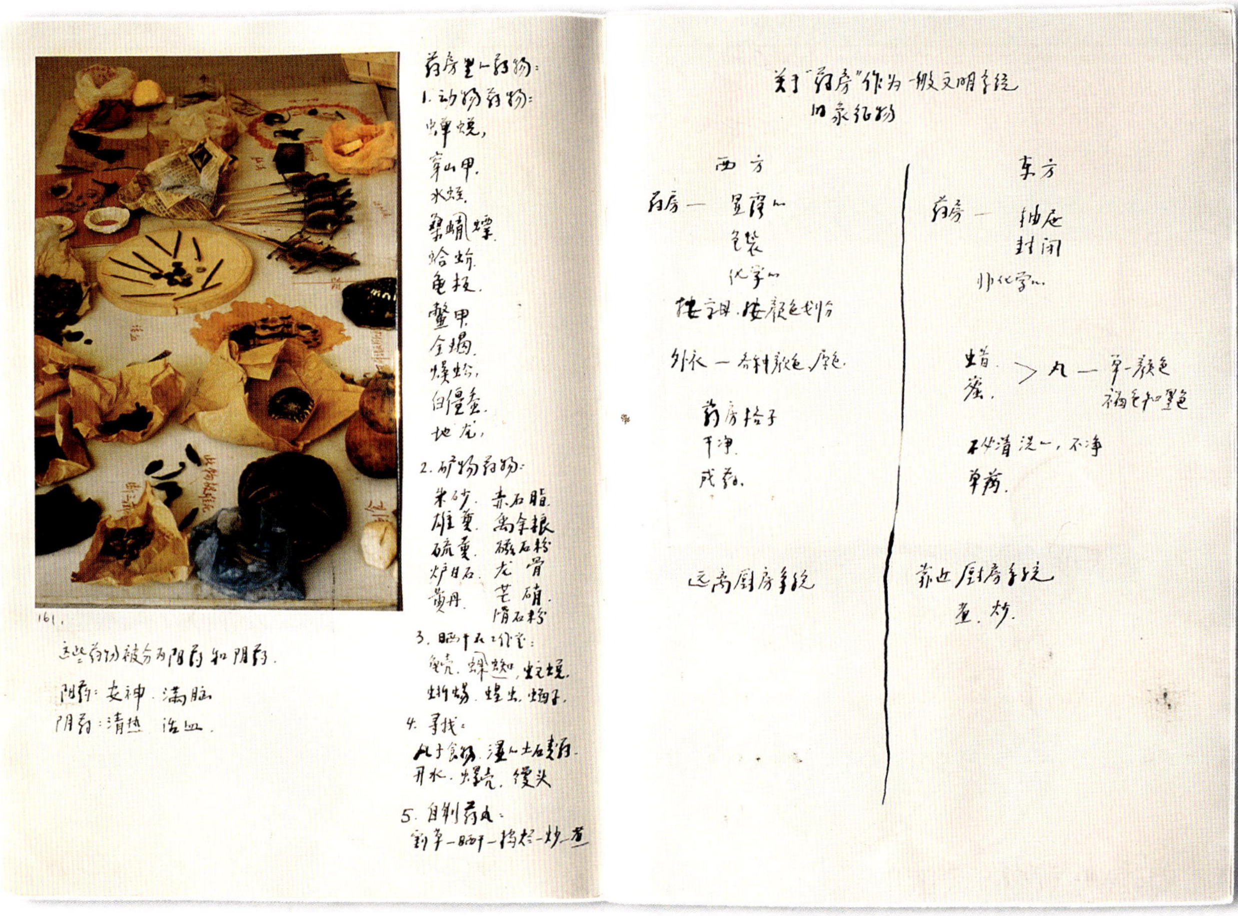

161.

这些药物被分为阳药和阴药。

阳药：安神、清脑

阴药：清热、活血。

药房里的药物：

1. 动物药物：
蟑螂，
穿山甲，
水蛭，
螳螂螵，
蛤蚧，
龟板，
鳖甲
全蝎，
蜈蚣，
白僵蚕，
地龙，

2. 矿物药物：
朱砂、赤石脂
雄黄、禹余粮
硫黄、磁石粉
炉甘石、龙骨
黄丹、芒硝、
滑石粉

3. 晒干或炮制：
龟壳、蝉蜕、蚯蚓、
蜥蜴、蝗虫、蛹子、

4. 寻找：
风干食物、湿的土石麦粒、
开水、螺壳、馒头

5. 自制药丸：
割草—晒干—捣烂—炒—煮

关于"药房"作为一般文明系统
的象征物

西方

药房— 显露的
包装
化学的

按种类、按颜色划分

外衣—奇特颜色、鲜艳

药房格子
干净、
成药。

远离厨房系统

东方

药房— 抽屉
封闭
非化学的

蜡
蜜、 > 丸—单一颜色
褐色和黑色

不必清洗的，不净
草药。

靠近厨房系统
煮、炒。

138

139

137

雄黄，一种名称，
雄指性质，
黄指颜色，
一种药物，有毒，
一种气味，微臭，
一种暗喻，指东道西。

135、136 《世界地图》（雄黄符） 巴黎市现代艺术博物馆 2000 法国
137 《鹤足鹿迹》（雄黄） 北九州当代艺术中心 1999 日本
138 黄永砯《册页 4》 1998-1999
139 《药房》（雄黄）（局部） 福洛门和彼特曼画廊 1995 巴黎 法国

144 《108 签》 1993 斯图加特

《108 签》中的文字取自李时珍《本草纲目》（1695 年），相对应的物品图片取自西方当代艺术中熟悉的作品，如 94 签 DAVID HAMMONS 的“人头骨”，2 签 BEN VAUTIER 的 “呕吐物”，17 签 JOSEPH BEUYS 的 “洗脚水”，19 签 ON KAWARA 的“日历画”，10 签 MARCEL DUCHAMP 的“木梳”，26 签 MARCEL DUCHAMP 的“脚中苍蝇”，51 签 PIERO MANZONI 的“艺术家大便”，38 签图片取自历史照片。

94

天靈蓋宋開寶。

【氣味】鹹平。無毒。

【主治】傳尸尸疰。鬼氣伏連。久瘴勞瘧。寒熱無時者。燒令黑。研細。白飲和服。亦合丸散用。開寶。治肺痿乏力。羸瘦骨蒸。盜汗等。酥炙用。大明。退心經蘊寒之氣。本草權度。

2

人口津唾綱目。

【氣味】甘鹹。平。無毒。

【主治】瘡腫。疥癬。皶皰。五更未語者。頻塗擦之。又明目退翳。消腫。解毒。辟邪。粉水銀。時珍。

牛涎【主治】反胃嘔吐。日華。水服二匙。終身不噎。思邈。

狗涎【主治】諸骨哽脫肛。及誤吞水蛭。時珍。

17

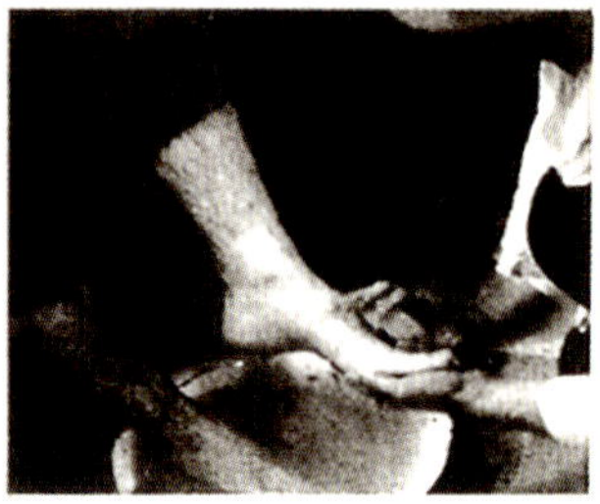

洗手足水綱目。

【主治】病後勞復。或因梳頭。或食物復發。取一合飲之。效。聖惠。

19

曆日綱目。

【主治】邪瘧。用隔年全曆。端午午時燒灰。糊丸梧子大。發日早用無根水。下五十丸。衛生易簡方。

我所考虑的问题是人们对物品的看法。物品在艺术这一门类里，在艺术家、观看物品的人和这些相关的交流场所——博物馆里，已经形成相当固定和封闭的看法。我试图和其他门类相比较，一个同样名称的物品，当我们把这一物品---已经成为当代艺术熟悉的图像（物品），与另一个时间、空间的药物学物品相重叠，不仅是重新回忆这些物品的曾存在的功能，而且在这面前，物品获得一种和今天不一样的体验方式和使用物品的方式。福柯在一次和邦基纳的谈话中说：“……1750 年出版的医学书对我们来说是一本可笑的民间传说，实际上我们根本不懂。但是，在 70 年后的 1820 年，出版了一些医学书，尽管这些书里充满了我们认为清谈的，不全面的或不够准确的东西，然而却成为我们知识的一部分。”这是福柯在解释他把知识类型的不连续性当作一个问题提出来时所列举的例子。这个例子同样适合于我这个作品，知识类型的断裂不但在其纵向的不连续性（时间），而且也在于横向的不相关性（地理），一个现代西方人会对 1590 年的中国医学书觉得可笑，同样一个现代中国人也会对西方熟悉的当代物品艺术完全不可理解，而那“可笑”的民间传说和不可理解的“物品艺术”毕竟是他们各自日常生活和今日文化的一部分。

144

10

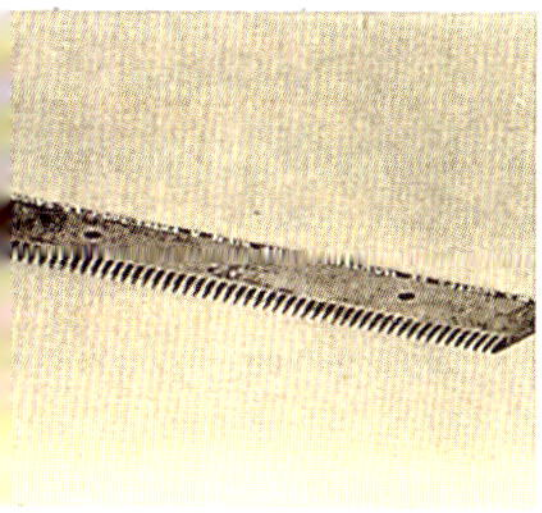

梳篦（拾遺）
【主治】蝨病煮汁服之。及活蝨入腹爲病成癥瘕者。（藏器）主小便淋澀。
乳汁不通。霍亂轉筋噎塞。（時珍）

38

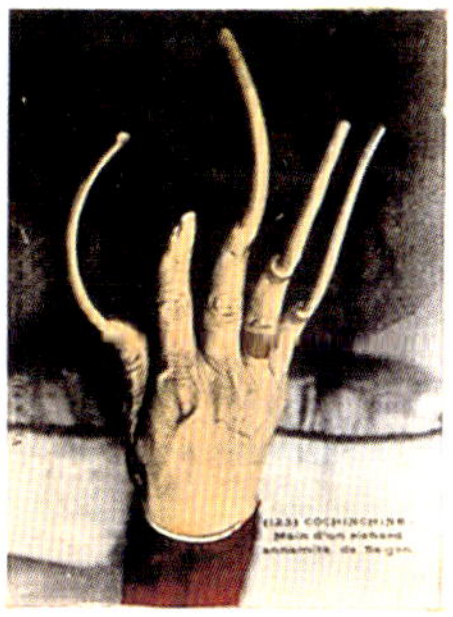

爪甲（綱目）
【氣味】甘鹹。無毒。
【主治】鼻衄細刮喑之立愈。衆人甲亦可。（宗奭）催生。下胞衣。
利小便。治尿血。及陰陽易病。破傷中風。去目翳。（時珍）懷妊婦
人爪甲取末點目。去翳障。（藏器）

28

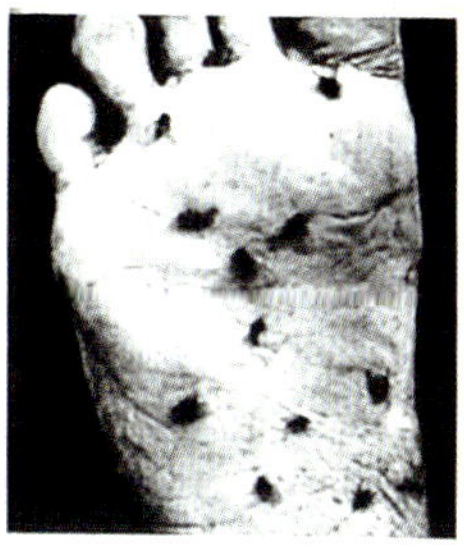

蠅（綱目）
【主治】拳毛倒睫。以臘月蟄蠅乾研爲末。以鼻頻嗅之即愈。（時珍）

51

人屎（別錄）
【氣味】苦寒。無毒。
【主治】時行大熱狂走。解諸毒。擣末沸湯沃服之。（別錄）傷寒熱毒。
水漬飲之彌善。新者封疔腫一日根爛。（弘景）骨蒸勞復。癰腫發背。
瘡漏。痘瘡不起。（時珍）

145 《诊所》 1997 资生堂画廊 东京 日本

这个计划有一个躺着的“人”字形通道，“两脚”底各有一个压胜大铜钱作为入口，人字形顶端伸出画廊的玻璃窗外的是一个封闭小屋“诊所”。两个通道并不相通，一个是求诊者的通道，通过压胜钱“此符压怪”；另一个是治病人通道，通过压胜钱“诸神回避”。此计划邀请中国方术师周明成先生参与，他通过“诸神回避”通道进入画廊之外的小屋，观众如有人想求诊，可进入“此符压怪”一门，一次一人，遵古代“祝由科”禁忌：“无病无灾者不入，不诚不敬者不入，重财轻命者不入，疑信[illegible]”以诚[illegible]。进入求诊者不能见到方术师，以敲木板为信息求诊，在他们之间的木板墙上有二洞：一为出符水，一为出符纸。方术师用他的“功法透视”，以及符和符水治病。这一活动为期三天，之后，观众可自由进入两门观看诊所。我之所以选择中国传统中的“诸神回避”和“此符压怪”两个压胜钱作为门关，是因为治病与“神”有关，病则与“怪”有关，人神怪相混是这个诊所的基调，这个诊所强调非科学诊断，非语言交流，非身体性接触，非药物治疗，与现代医学惯例形成一种对照。

"人"、"神"、"怪"相依是
这个计划里，方术士不在
以他是隔绝起来，他一
个特点面脚，所以有关
边缘性和神秘的的。
观众可自由进出二门，以
构成……。

211.

210

208, 209 求诊者的门洞和求诊者的坐位。

210. 展览场景"诊所" 1996-97，东京。

211. 治病人的门洞。

汉代承传下来的民间
医、祝、神、祖一
模式。

会

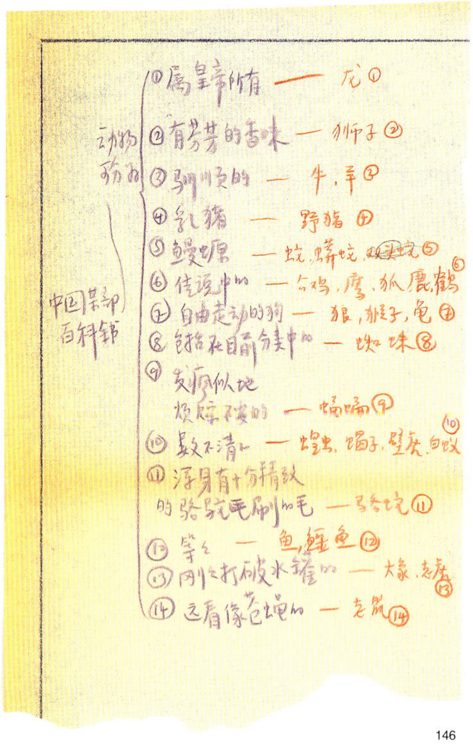

中国某部百科全书 动物分类

(1) 属皇帝所有——龙 (1)
(2) 有芬芳的香味——狮子 (2)
(3) 驯顺的——牛、羊 (3)
(4) 乳猪——野猪 (4)
(5) 鳗螈——蛇、蟒蛇 (5)
(6) 传说中的——公鸡、鹰、狐、鹿、鹤 (6)
(7) 自由走动的狗——狼、狮子、龟 (7)
(8) 包括在目前分类中的——蜘蛛 (8)
(9) 发疯似地烦躁不安的——蝙蝠 (9)
(10) 数不清的——蝗虫、蝎子、壁虎、白蚁 (10)
(11) 浑身有十分精致的骆驼毛刷的毛——骆驼 (11)
(12) 等等——鱼、鲤鱼 (12)
(13) 刚刚打破水罐的——大象、老虎 (13)
(14) 远看像苍蝇的——老鼠 (14)

146

中国某部百科全书动物分类

(1) 属皇帝所有——龙(1)
(2) 有芬芳的香味——狮(2)
(3) 驯顺的——牛,羊(3)
(4) 乳猪——野猪(4)
(5) 鳗螈——蛇,蟒蛇(5)
(6) 传说中的——鸡、鹰、狐、鹿、鹤(6)
(7) 离群的狗——狼,龟(7)
(8) 包括在目前分类中——蜘蛛(8)
(9) 发疯似地烦燥不安的——蝙蝠(9)
(10) 数不清的——蝗虫、蝎子、壁虎、白蚁(10)
(11) 浑身有十分精致的骆驼毛刷的毛——骆驼(11)
(12) 等等——鱼
(13) 刚刚打破水罐的——象、虎(13)
(14) 远看像苍蝇的——鼠(14)

(1)
属皇帝所有——龙
(1)

147

148

在这个与城市“街角”主题相关的计划里，我重做 Gand 教堂钟楼（Het Belfort）顶上的龙，放下两翅膀，飘浮在 Cote jardie rertaurant 的游泳池里。我感兴趣这只从 14 世纪就在 Gand 上空的龙，它不像传统西方中关于龙的形象，一种异教的、恶的象征，而是形象暖昧的意义多重，以及与东方神话的联想，在这个游泳池里我偶然发现这只龙在水中的倒影，它启发我选择这一地点和重新改变并安置这一 Gand 城市的“标志”。（这个作品后来安置在横穿根特城市的河中）。

149

146 《动物分类图》 2001
147、148 《两栖动物》
根特市 2000 比利时
149 《两栖动物》草图 2000

这个计划是在法国阿维侬市14世纪的教皇宫殿里，一个教皇私人的“圣米歇尔礼拜堂”，展览的策划人借来一个14世纪的圣米歇尔木雕，放在礼拜堂中央，我就是在这个8.28×7.91米，高10.58米的封闭空间中构思这件作品。圣米歇尔在基督教典故中是一位护法圣人，圣米歇尔的木雕是个挥刀宰龙的形象。我在整个礼拜堂的地面铺上“青底黄龙”的瓷砖，这条龙包围着这个木雕像。从礼拜堂中央顶上垂下一条绳梯，几条蛇皮顺梯而下。在这个作品里，“圣米歇尔”受到“青底黄龙”和“蛇龙混杂”的威胁。

152

151

150，152 《圣米歇尔礼拜堂》 阿维侬教皇大厅 2000 法国

151 《圣米歇尔礼拜堂》草图

（1）
属皇帝所
有——龙
（1）

(2)
有芬芳的
香味——
狮
(2)

这个计划产生于一个非西方人经常在西方旅行的经验。在今日的飞机场-海关，经常会遇到关于"身份" 的麻烦，"EC Nationals"（欧共体国籍）和"Others"（其他国籍）这两个飞机场入关检查的牌子，可以说是当代国家观念的象征性标志。所有国家都要划分"我们" 和"他们"。门关--入口--入关检查的牌子-笼子--狮子，这些都有相似涵义。这个展览有二个门并列的空间启发我把他们改变为飞机场入关检查口。真狮子是无法放入展厅的，只能是狮子的味道--狮子粪便和它吃剩的肉骨头，这些东西被放在笼子里，穿越两个门，观众必须像入关检查一样，选择"我们" 和"它们"，但无论你选择从哪一个门进入展厅，同样不可避免穿过狮子"味道"。

153 《通道》 格提斯哥当代艺术中心 1993 美国
154 《通道》 狮粪和狮子吃剩的骨头
155 《108 签》中的第 101 签 1993 巴黎

155

(2)
有芬芳的
香味——
狮
(2)

154

156 《羊祸》卡地尔当代艺术基金会
1997 巴黎
157 《一人九兽》中“牛”的模型
158 《一人九兽》中“牛”的铸造现
1999 法国
159 《一人九兽》 威尼斯双年展法
1999 意大利

156

(3)
驯顺的
牛、羊
(3)

158

157

159

66

豬槽中水（拾遺）

【主治】蠱毒。服一盞。又療蛇咬瘡。浸之。效。（藏器）

14

猳豬頭

【氣味】有毒。

【主治】寒熱五癃鬼毒。（千金）同五味煮食，補虛乏氣力。去驚癇五痔。

下丹石，亦發風氣。（食療）臘豬頭燒灰，治魚臍瘡。（時珍）

30

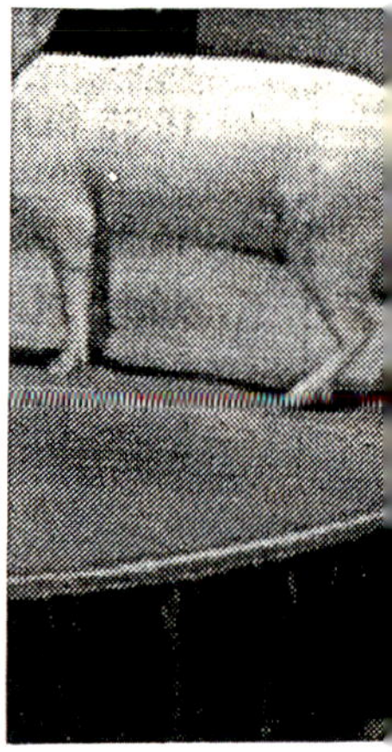

瘡。（時珍）血溜出血不止，取新屎壓之。燒灰，發痘瘡。治驚癇。除熱解毒。治

（吳瑞）

160

161

162

160 《108 签》中的第 66、14、30 签　1993
161 《桥》(局部)　国立非洲艺术和大西洋艺术博物馆　1995　巴黎
162 《拖把》　福洛门和彼特曼画廊　1995　巴黎
163 《蛇鞋》　杰克提敦画廊　2000　纽约
164 《蛇皮轿》　艺术与公共画廊　1997　日内瓦

164

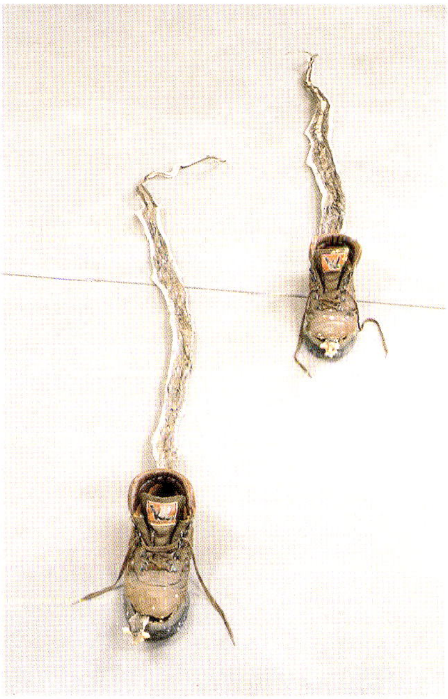

163

165 《桥》和《世界剧场》 国立非洲和大西洋艺术博物馆 1995 巴黎 法国

171–172

173

《一人九兽》

| 编号 | 名称 | 动物 | 预言 | 高度 |
|---|---|---|---|---|
| 9 | 泰逢 | 人／猴 | 吉／凶 | 15 米 |
| 8 | 相柳 | 蛇 | 沼泽 | 14.5 米 |
| 7 | 跂踵 | 鸟 | 大疫 | 14 米 |
| 6 | 合窳 | 野猪 | 大旱 | 13 米 |
| 5 | 龙蛭 | 狐 | 食人 | 12 米 |
| 4 | 飞鱼 | 鱼 | 制兵 | 11 米 |
| 3 | 凫徯 | 鸡 | 大兵 | 10 米 |
| 2 | 诸怀 | 牛 | 食人 | 9.5 米 |
| 1 | 肥遗 | 蛇 | 大水 | 7.5 米 |
| 0 | 小铜人指南车 | | | |

这个计划在法国馆室内和室外，立九根木柱，四根穿过中央展厅玻璃天窗，高度分别在 15 米和 7.5 米之间，木柱排列按中轴线延伸到室外，柱上放九个铝制动物，这些动物排列成队，形成由高而低的形势，好像从天而降。在斜线低的一头，一辆倾斜的指南车上有一小铜人，手指九只动物，好像在召唤，又好像在制止。

这九只动物来源于《山海经》（公元前），动物图像来自于明代（14 世纪）。这些动物被集中在一起，已脱离了原来的上下文，动物的排列是萨满式的，诅咒-原意超出外形。威尼斯广场和建筑上的动物（教堂）一个联想，但人们不会把不祥之兆长时间地放在他们自己的头上。这个计划不是想和建筑背景成为和谐的风景，相反的是，应该注意威尼斯双年展的背景，国家馆的背景，法国馆的背景。因此，这个计划是一次武断的行动，是一阵穿堂风，一个连续而短暂的咒语。

171–175 《一人九兽》 第 48 届威尼斯双年展法国馆 1999 意大利

176 《一人九兽》草图 1999

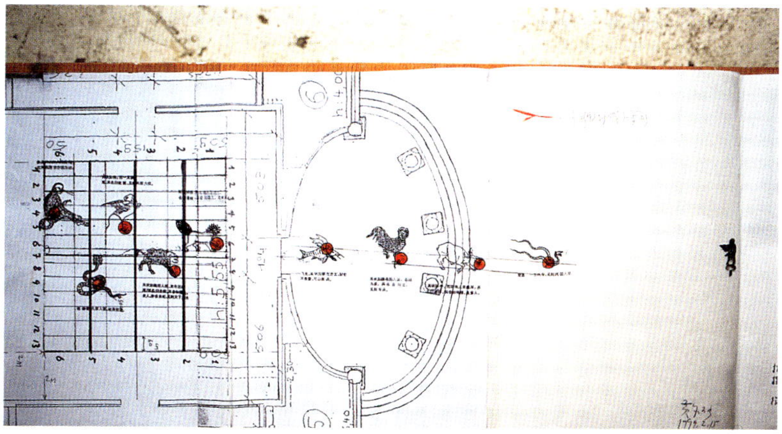

176

174

175

(0)
传说中的——
鸡、鹰、狐
鹿、鹤
(6)

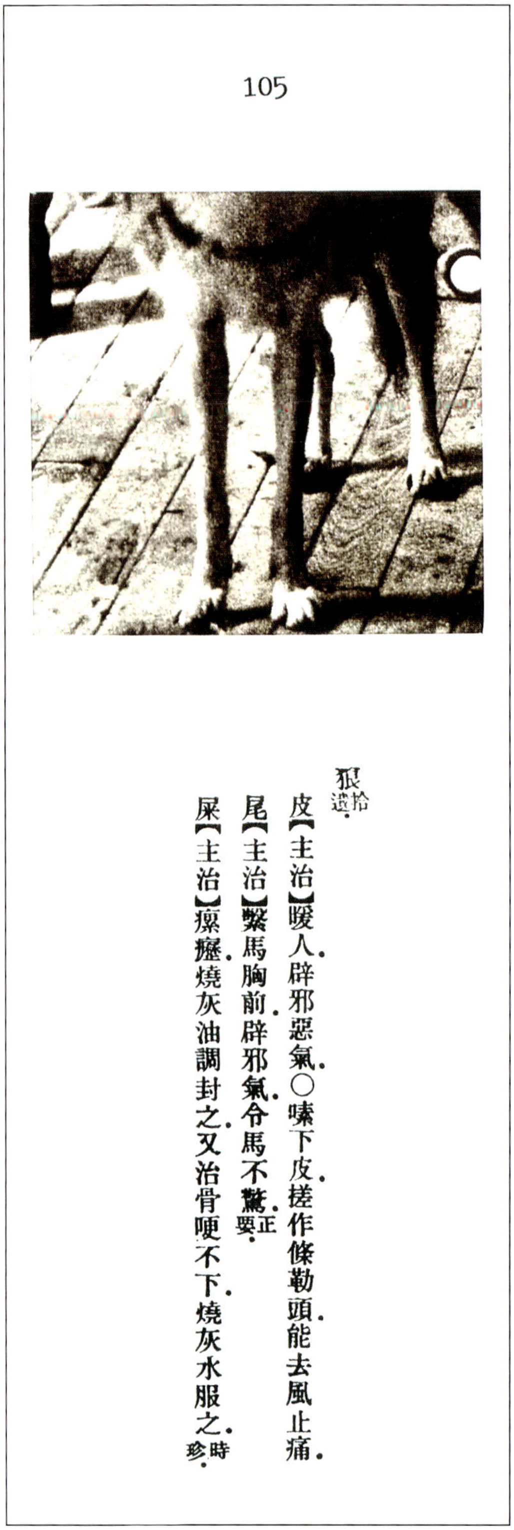
105

狼拾遺。
皮【主治】暖人辟邪惡氣。○嗉下皮。搓作條勒頭。能去風止痛。
尾【主治】繫馬胸前。辟邪氣。令馬不驚。正要。
屎【主治】瘰癧。燒灰油調封之。又治骨哽不下。燒灰水服之。時珍。

178

180

178 《108 签》中的 105 签 1993
179 《龟脚》 1997 分离派博物馆 维也纳
180 《龟城》 2000 根特 比利时
181 《桥》和《世界剧场》(局部) 1995 巴黎

179

181

KEARNY
KEARNY
KEARNY

182 《科尼街》 1995 旧金山 美国

此计划借用旧金山中国城的一条街名：Kearny Street，用它来比喻 1870 年加州工党首领 Dennis Kearney，以重新唤起那段“排华法案”（Chinese Eclusion Act 1882）的历史。我用当地禁止通行的交通讯号灯——“红色手掌”的图像来象征 Kearney 的口号“Chinese Must Go”，350 只从中国城购买来的活龟在这条“街”上，它被当作排华期间对中国人的漫画形象：异类的，爬行的，缩头缩脚的，在角落里……其中 28 只龟支撑着所有的柱子和信箱的脚。这条街变成可移动的、不稳定和荒谬的。乌龟一方面受到这些物品的压迫，另一方面，它也成为这些物品的基础。

改写是一种过房的形式，从一家过继到另一家。“当你没有棒子的时候我将拿走你的棒子，当你有棒子的时候我再给你一根”（禅宗）。改写例子2：“当你有艺术的时候，我将再给你艺术，当你没有艺术的时候，我将拿走你的艺术”（佚名）。“艺术是一种有色政治”（佚名），改写例子3：“非艺术是一种无色政治”（佚名）。“父亲死去了，但依旧和我们在一起；依旧和我们在一起，却是死的。”（唐纳德·巴塞尔姆）改写例子4：“艺术死亡了，但它仍在前进；艺术在前进，但它已经死亡。”（佚名）

——摘自黄永砯《“甚至，杜象被汉人剥得精光”改写例子和杜象研究》1986

68

蜘蛛 下品。別錄

【氣味】微寒。有小毒。

【主治】大人小兒㿗。及小兒大腹。丁奚三年不能行者。別錄。蜈蚣蜂蠆螫人。取置咬處。吸其毒。弘景。主蛇毒温瘧。止嘔逆霍亂。蘇恭。取汁塗蛇傷。燒啖。治小兒腹疳。蘇頌。主口喎。脫肛。瘡腫。胡臭。齒䘌。時珍。斑者治瘧疾疔腫。日華。

103

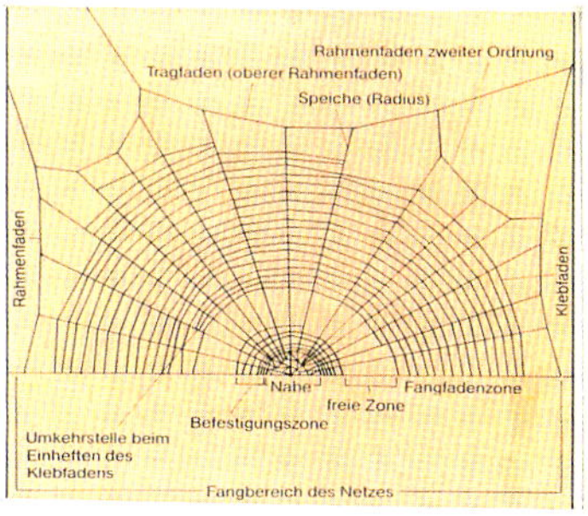


蜘蛛網 拾遺。

【主治】喜忘。七月七日取置衣領中。勿令人知。別錄。以纏疣贅。七日消落。有驗。蘇恭。療瘡毒。止金瘡血出。炒黃研末。酒服。治吐血。時珍〇出聖惠方。

184

(8)
包括在目前分类中的——蜘蛛
(8)

183 《圣人师蜘蛛而结网Ⅰ》
卢昂省立艺术学院 1994 卢昂 法国

这个作品有一个大的灯罩（笼子）和一只活的蜘蛛，桌上放有一份《杜象访谈录》的复印本，灯光将蜘蛛投影在《杜象访谈录》的复印本上。

关于葛洪和他的书《抱朴子》，是促使我10年前从道家的哲学兴趣转入道家的各种方术：变化之术、特殊能量、符箓咒语、预测占卜、禳辟禁忌、医药炼丹。这些东西使我在西方现实背景里（一个理性的、物质的、科学的）产生持续的想象力，它不断地出现在我的一些装置作品《火祭》（1990）中的“入山大符”，《重现红十字》（1991）中的“符咒旗帜”，三步九迹（1996）中的“禹步”。

“圣人师蜘蛛而结网”，这句话取自《抱朴子》第三卷“对俗”。葛洪提出“动物胜于人”的观点。最早的圣人创造力来自师法自然界和动物。这句话曾三次作为我三件不同作品的标题。第一次在《向马塞·杜象致敬的展览》，在鲁昂美术学院，我把杜象的书、杜象衣帽架的影子图像和移动中的蜘蛛影子联系起来。第二次在卢森堡贝象画廊，一张蜘蛛网挡在一个封闭的小屋的门口，中央一张由杜象衣帽架和蜘蛛形状变形而来的多扶手椅子。这两件作品都和杜象有关，把“圣人”蜘蛛和杜象互相联系起来。第三次使用这个题目在《雨果包斯奖》计划里，在当代艺术中，类似有奖金的竞争性展览。这与一个日益竞争和霸权的社会、经济、政治有关，我意在提出一种相对的方式，或一种策略，这在老子的教诲中不断被提到：知雄守雌，这些都意旨在超越它的二元对立。这个作品中静止伺机的蜘蛛和覆盖整个空间的网被用来传达这一意念。

185

186

(8)
包括在目前分类中的——蜘蛛
(8)

187



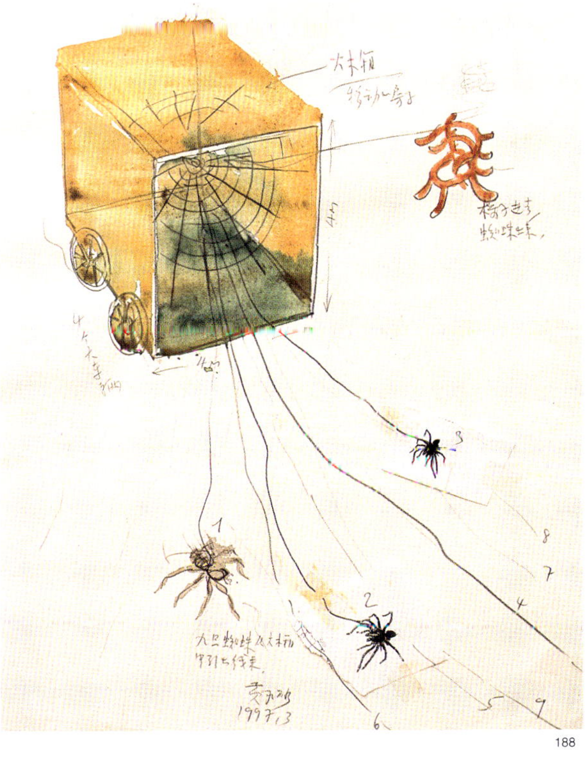

188

185、186 《圣人师蜘蛛而结网Ⅱ》 贝象画廊 1997 卢森堡
187 《圣人师蜘蛛而结网Ⅲ》 古根海姆美术馆 1998 纽约
188 《圣人师蜘蛛而结网》草图 1997

190

“蝙蝠计划”是将那架美国侦察机从中部到尾部 20 米长，按原大尺寸制作，然后切成三段。从表面上看像嘲讽似的模仿，或是一个新闻事件的影子，其实从中折射出一个征兆，一个对当下全球化和美国主义盛行的反调。

在我看来这些被拆解或被截断的飞机更能象征权力和高科技，这不是权力衰败和高科技无能的表现，而是权力鼎盛，高科技前途无量时产生的征兆。因为权力鼎盛总是和它的衰败连在一起，高科技万能总是和它的无能不能分开。这件作品在展览前被法方组织者认为会影响美国和法国，以及中国之间的关系而删除。当然“9·11 事件”之后的国际政治气氛使原来存在不同声音的可能性变成不可能。这件作品果真应验一开始所预言的“这件事有一个未能抛掉的尾巴”。

189　《蝙蝠计划》草图　2001
190–192　《蝙蝠计划》作品制作现场　2001　深圳

189

191

192

(9)
发疯似地烦燥不安的——蝙蝠
(9)

(10)
数不清的——
蝗虫，
蝎子，
壁虎，
白蚁
(10)

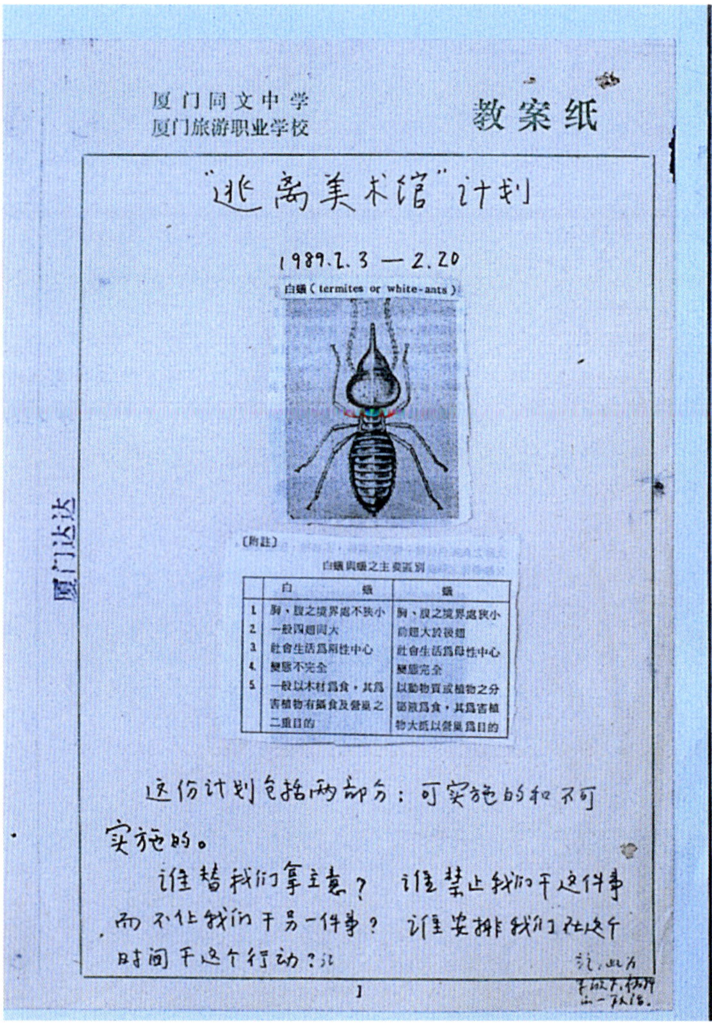
厦门同文中学
厦门旅游职业学校
教案纸

“逃离美术馆”计划

1989.2.3 — 2.20

白蟻（termites or white-ants）

〔附註〕

白蟻與蟻之主要區別

| | 白蟻 | 蟻 |
|---|---|---|
| 1. | 胸、腹之境界處不狹小 | 胸、腹之境界處狹小 |
| 2. | 一般四翅同大 | 前翅大於後翅 |
| 3. | 社會生活爲兩性中心 | 社會生活爲母性中心 |
| 4. | 變態不完全 | 變態完全 |
| 5. | 一般以木材爲食，其爲害植物有攝食及營巢之二重目的 | 以動物質或植物之分泌液爲食，其爲害植物大抵以營巢爲目的 |

这份计划包括两部分：可实施的和不可实施的。

谁替我们拿主意？ 谁禁止我们干这件事而不让我们干另一件事？ 谁安排我们在这个时间干这个行动？

厦门达达

1

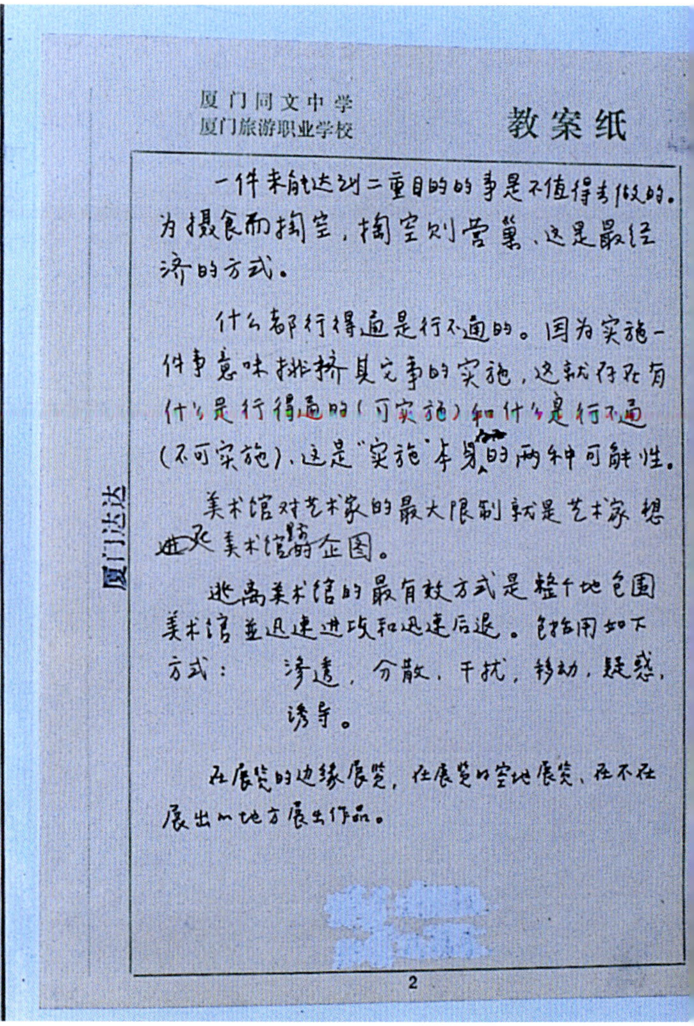
厦门同文中学
厦门旅游职业学校
教案纸

一件未能达到二重目的的事是不值得去做的。为摄食而掏空，掏空则营巢，这是最经济的方式。

什么都行得通是行不通的。因为实施一件事意味排挤其它事的实施，这就存在有什么是行得通的（可实施）和什么是行不通（不可实施），这是“实施”本身的两种可能性。

美术馆对艺术家的最大限制就是艺术家想进入美术馆的企图。

逃离美术馆的最有效方式是整个地包围美术馆并迅速进攻和迅速后退。包括用如下方式： 渗透，分散，干扰，移动，疑惑，诱导。

在展览的边缘展览，在展览的空地展览，在不在展出的地方展出作品。

厦门达达

2

194

198

195

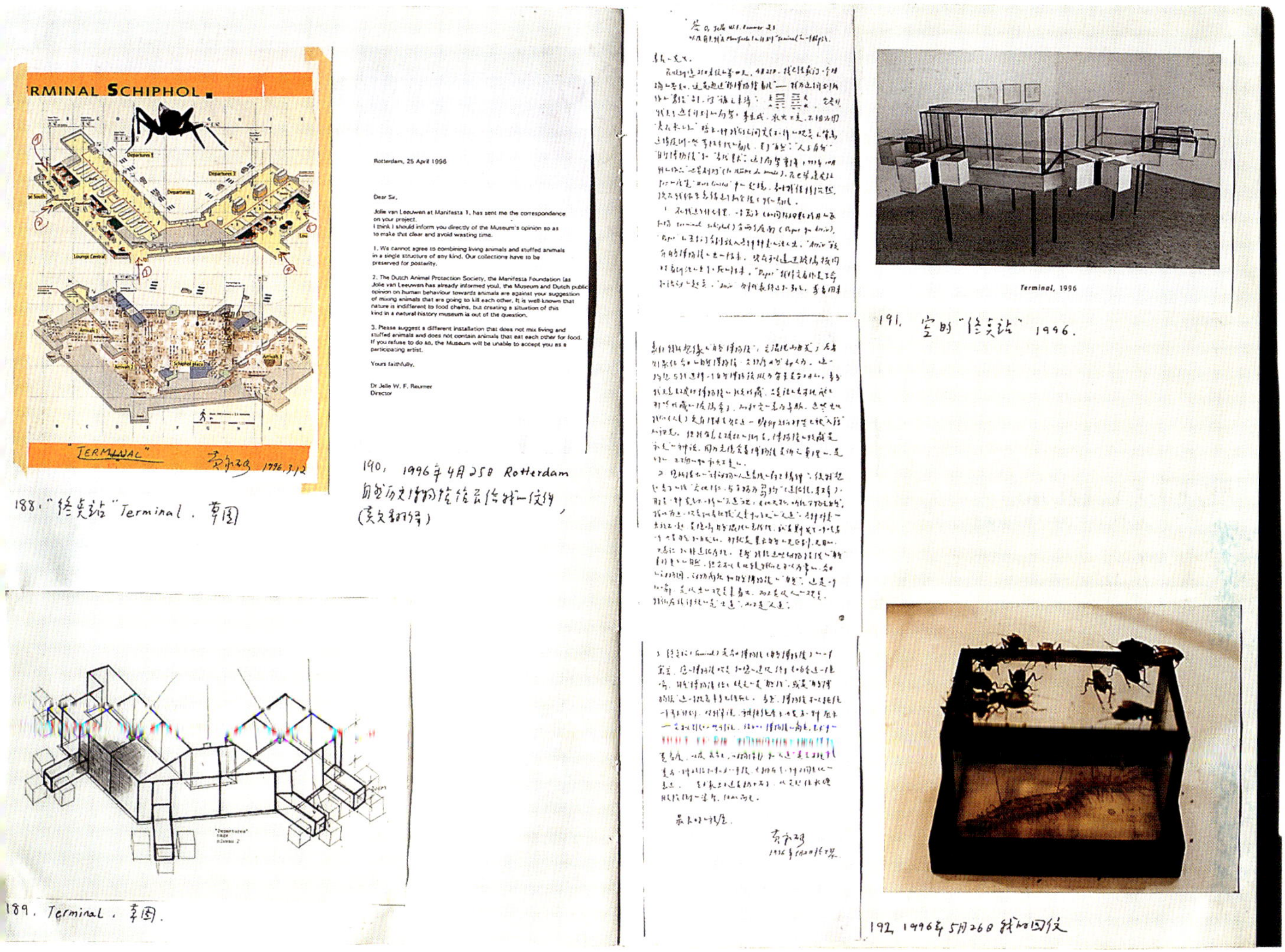


199

(10)
数不清的——
蝗虫，
蝎子，
壁虎，
白蚁
(10)

196

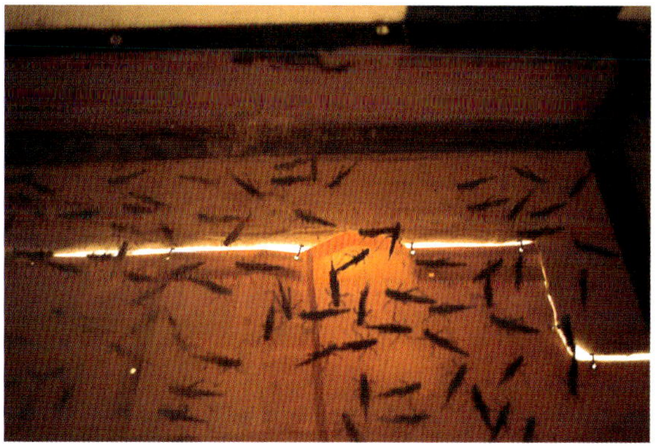

197

这个作品的背景是"中国前卫艺术"展览。取"黄祸"为帅只不过是重提历史，我在展厅安置两个一半的帐篷，其中一个帐篷的通道顶上放装有1000只蝗虫和5只蝎子的笼子。"蝗"和"黄"在中文里同音，"蝗灾"也是"黄祸"的一种隐喻；"蝎子"代表虫类"强权"。用"虫"喻"人"，并把其当作对目前"种族问题"的观照。

194　黄永砯《册页1》　1980–1989
195　《世界剧场》　局部　1995　巴黎
196–198　《黄祸》　牛津现代艺术博物馆　1993　英国
199　黄永砯《册页4》　1989–1997

(11)
浑身有十分精致的骆驼毛刷的毛——骆驼
(11)

200 《驼背上的计划》 1999 耶露撒冷

(11)
浑身有十
分精致的
骆驼毛刷
的毛——
骆驼
(11)

201

(11)
浑身有十分精致的骆驼毛刷的毛——骆驼
(11)

202

203

制作 10 个不同的耶露撒冷（Jerusalem）的火车站牌子，由 5 只骆驼背着在苏丹池塘（Sultan's Pool）。这一想法是通过火车站牌子随时间变化而改变的实例。如 1948 年英国托管期，牌子的语言次序是：英文—希伯莱文—阿拉伯文；1967 年之后中东战争时期，牌子次序是：希伯莱文—英文，阿拉伯文消失了。我想象着发展这一牌子的变化，对 Jerusalem 这个词的英文，希伯莱文，阿拉伯文按此方式作不同的先后次序的排列，某些语言的消失或出现，传递着某种关系的缓和或紧张，某种力量的增减的信息，一些公开或隐藏的愿望，以及各种关于这个城市未来的预测。

苏丹池塘这一地点，曾经是当地人交易牲畜的市场，所以我考虑使用这块土地的动物——骆驼来背负这些带有预言性的牌子，并使这一展示带有游牧方式。

201　废弃的耶露撒冷火车站照片　1999
202–204　《驼背上的计划》　1999　耶露撒冷
205　《六驼峰》　1999　草图

204

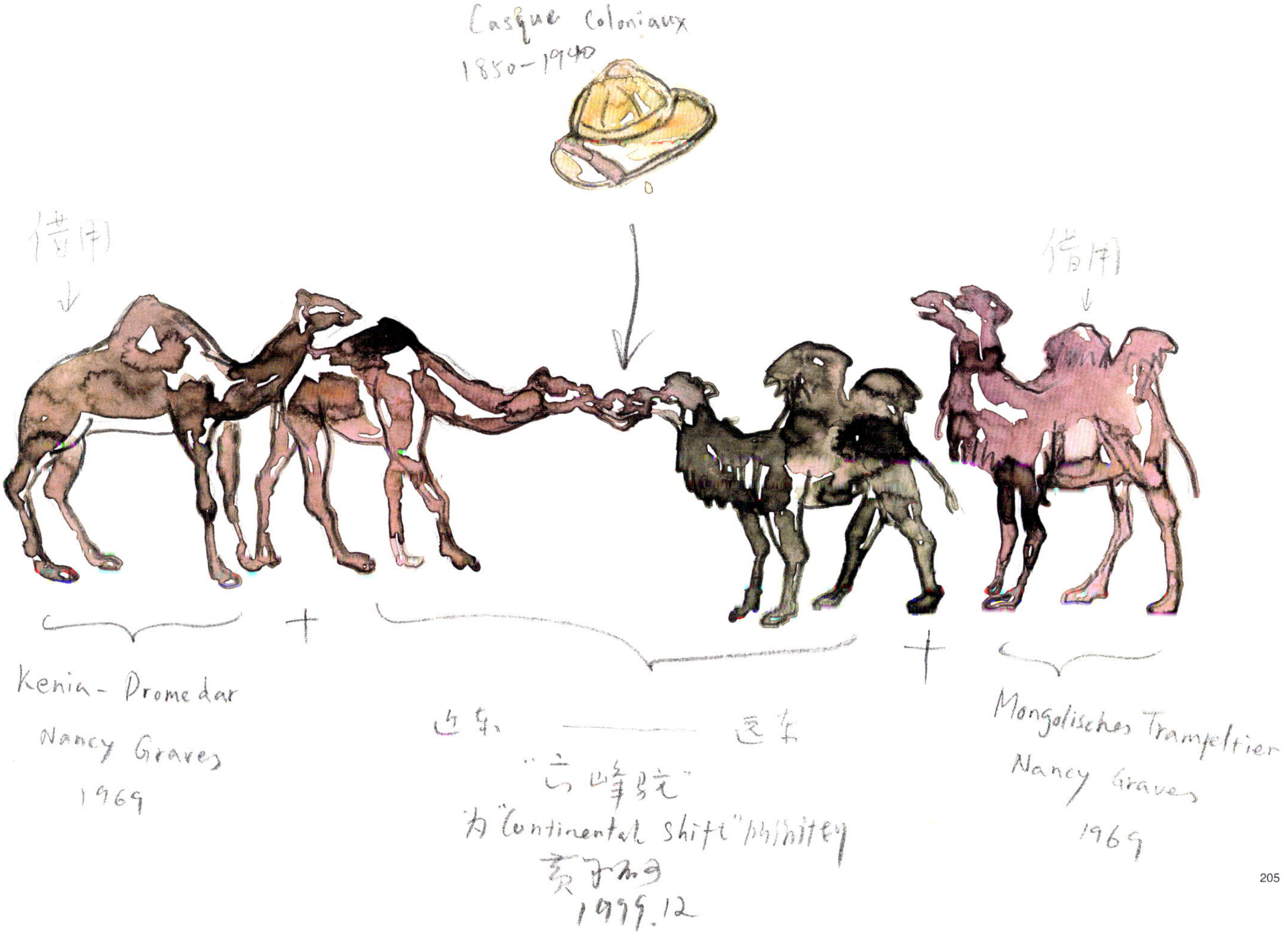


205

(11)
浑身有
分精致的
骆驼毛
的毛—
骆驼
(11)

关于《太公钓鱼,愿者上钩》 2000

1 题目。其实在今天,我们已经习惯了题目本身的游戏,它一方面好像是想提示一些什么,另一方面则可能是想掩盖或隐藏一些什么,所以题目是个“鱼饵”,它勾引你去注意它,了解它,仅此而已。

2 这句话或这个典故本身就是“鱼饵”。太公垂钓五十六年,未尝得一鱼,当然他不饵而钓,或有饵无钩,怎么能够得鱼呢?可见他钓鱼仅是一个幌子,真实用意只能是个谜,“钓鱼”是一种精神训练术,还是为了隐身避祸,还是为了钓国?因为他后来当了军师丞相。我仅把它当作一种隐喻,我一直把艺术品当作一种“鱼饵”,对于艺术观众、消费者、制作者都是如此。

3 在这一展览里,并不是完全与这个题目无关,因为我使用了一些真正的“鱼饵”,金光闪亮,从钓具商店里买来,它不是不为了钓鱼,而是作为钓观者之用,因此变成了艺术作品。

210

206-209 《太公钓鱼愿者上钩》 杰提顿画廊 2000 纽约

210 《一人九兽》中的飞鱼 飞鱼铸造现场 1999 法国

211

211 《双饵》 横滨国际当代艺术三年展 2001 日本

67

象（宋開寶）

皮【主治】下疳．燒灰和油敷之．又治金瘡不合（時珍）．

骨【主治】解毒（時珍）．胸前小橫骨燒灰酒服．令人能浮（開寶）．



22

虎（別錄中品）

鼻【主治】癲疾．小兒驚癇（別錄）．懸戶上．令生男（弘景）．

皮【主治】瘧疾（藏器）．辟邪魅（時珍）．

爪【主治】繫小兒臂．辟惡魅（別錄）．

(13)
刚刚打破水罐的——象，虎
(13)

215

216

217

1911 年酷爱打猎的英皇乔治五世参观了尼泊尔，他用三天的时间在众多护卫保护下，坐着象椅，在 junsle 郊区打猎，其中一天就打死四只老虎。2000 年我参观英国小城 Bristol 的博物馆，看到一只虎的标本，上面注明乔治五世 1911 年赠送，我想就是当年四只中的其中一只。偶然，我在巴黎自然历史博物馆进化大画廊里，发现一组为纪念远征打猎的经历而作的动物标本：老虎袭击大象。老虎袭击的那个位置正好是当年乔治五世站立射虎的位置。当然，那件自然历史博物馆收藏的动物标本是 1887 年奥利翁公爵根据他自身的经历制作的。1887-1911 年，这是西方殖民主义发展和全盛时期，那一段的所有文物，包括那些所谓“纯粹”的自然史、动物标本无不和政治历史相关。我重新制作了这一场景，更换了有英国皇家标志的象椅，使之成为——乔治五世 2002 年所做的恶梦。2002 年 6 月 11 日是巴塞尔艺术博览会的开幕日期。

212-213　《108 签》中的 67、22 签　1993
214-215　乔治五世在尼泊尔猎虎　1911　照片
216　巴黎自然历史博物馆　1887　照片
217　2002 年 6 月 11 日乔治五世的恶梦　草图　巴黎

(13)
刚刚打破
水罐的
——象，
虎
(13)

218

219

218–222 《蛇头虎尾》 世畛美术馆 1999 东京

这件作品的基本元素——那些板，是我用来准备 48 届威尼斯双年展法国馆的计划，为制作那些想像的带预言性动物模型的放大板，我带五个助手在这些板上工作，板上面有涂改、抹去、灰尘、脚印、电焊痕迹，我把它们固定下来，成为现在的样子，当作草图来呈现。板上的图像有双尾蛇、九头蛇、飞鱼、人头猪身、九头狐、猴身虎尾。这些公元前的畸形神怪在世纪末和千年之结束重新来临并预言将来，这一动物队形是以长着蛇头的动物开始，以长着虎尾的动物结束，“蛇头虎尾”正好是通俗居语“虎头蛇尾”的相反。当这件作品巡回到广岛美术馆展览时，美术馆在展览请柬上加了一句话“21 世纪：从蛇头开始到虎尾结束”，好像是一个谜语，一个对 21 世纪的神秘预言。

220

(13)
刚刚打破水罐的——象，虎
(13)

221

222

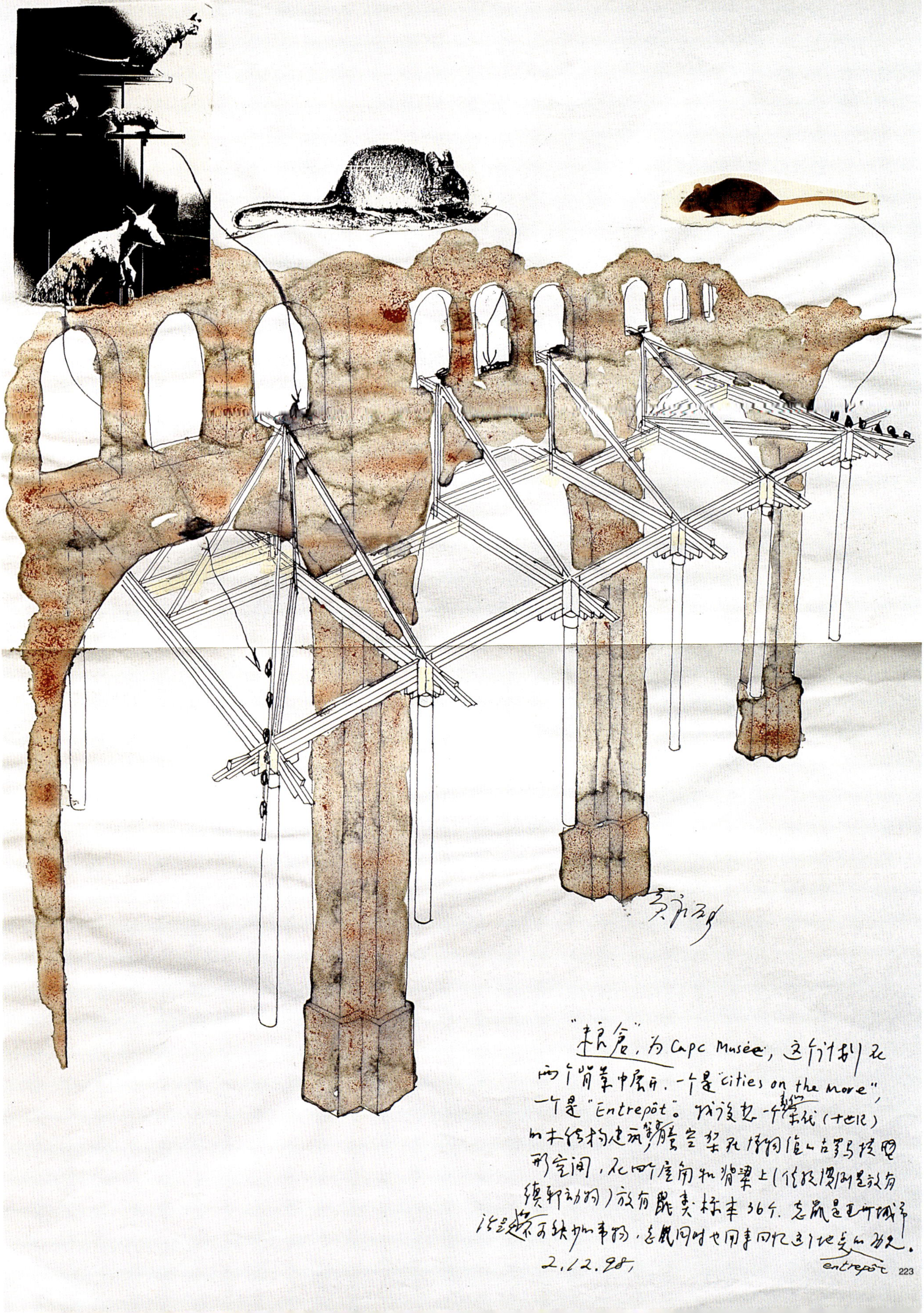
"粮仓"，为Capc Musée，这个计划在
两个背景中展开，一个是"cities on the move"，
一个是"Entrepôt"。
2.12.98,
entrepôt
223

(14)
远看像苍蝇——鼠
(14)

92

鼠

四足及尾【主治】婦人墮胎易出。別錄 燒服催生。日華

皮【主治】燒灰，封癰疽口冷不合者。生剝貼附骨疽瘡，即追膿出。時珍

頭【主治】瘻瘡鼻齄湯火傷瘡。時珍

目【主治】明目能夜讀書，術家用之。陶弘景

226

223 《粮仓》草图 1998

224,225 《粮仓》 波尔多当代美术馆 法国

226 《108 签》中第 92 签 1993

(14)
远看像苍
蝇——鼠
(14)

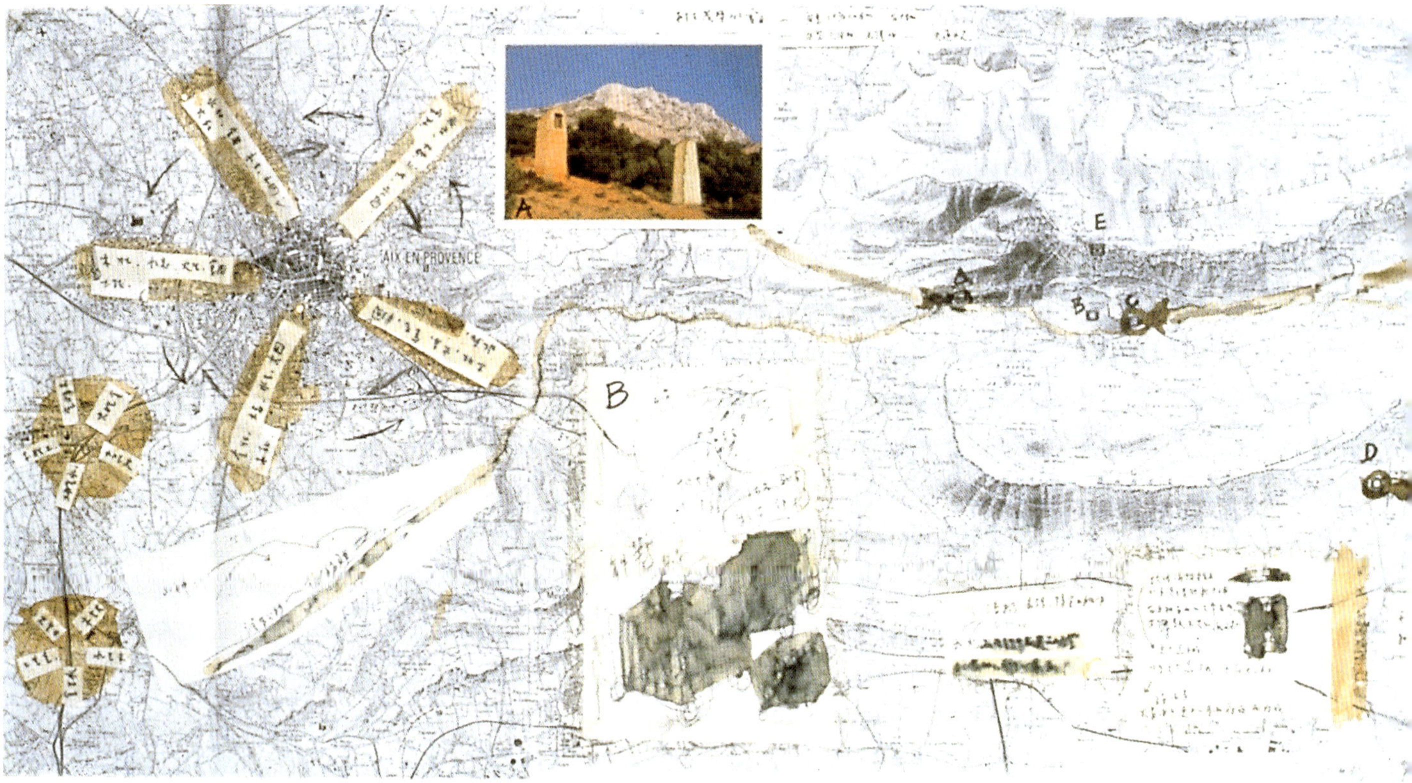
AIX EN PROVENCE
A
B
E
D

227

229

227 《圣维多山计划》草图 1990
228 《火祭》（四辆囚车） 圣维多山 1990 埃克斯 法国
229 《火祭》（四辆囚车）草图 1990
230 黄永砯《册页 2》 1989–1997

230

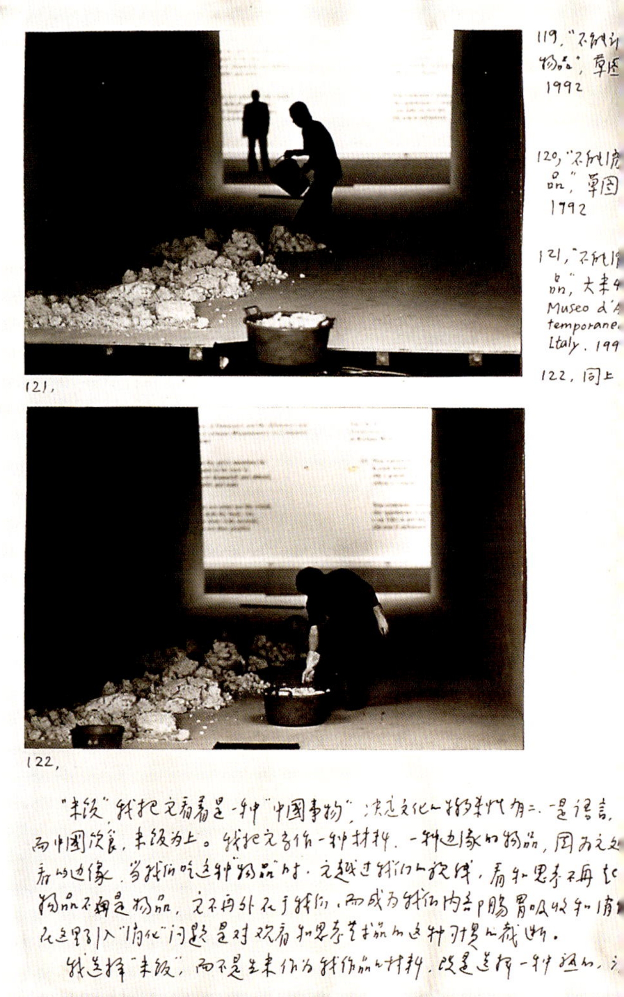


“米饭”，我把它看作是一咎“中国事物”，决定文化的特殊性有二：一是语言，二是饮食。而中国饮食，米饭为上。我把它当作一种材料，一种边缘的物品，因为它处于吃和看的边缘。当我们吃这种“物品”时，它越过我们的视线，看和思考不再起作用，物品不再是物品，它不再外在于我们，而成为我们内部肠胃吸收和消化的对象，在这里引入“消化”问题是对观看和思考艺术品的这种习惯的截断。

我选择“米饭”，而不是生米作为我作品的材料，既是选择一种熟的，湿的，热的、软的（食品），一种变化的，和时间有关的物质，它容易变质——这一性质使我感兴趣。

在这一变质的过程中，它自身的任何变化，便是我对此作品的筹划，我把它当作现实接受下来，并把此经验传递给公众。

我们是不是可以把今天的博物馆系统看成是一个 “消化系统”PRATO博物馆，建筑本身给人一种印象：它是一些集装箱的线性连接，它像一条弯弯曲曲的肠子，这是对今日博物馆功能和作用一个恰到好处的隐喻。难道不是所有博物馆都是集中一些艺术家、艺术作品和观众，分别先后穿行其中，共同参与这一“消化”过程？

新鲜米饭 → 博物馆消化系统 → 米饭发霉 → 不可消化之物

——摘自黄永砯《册页 3》1989–1997

233

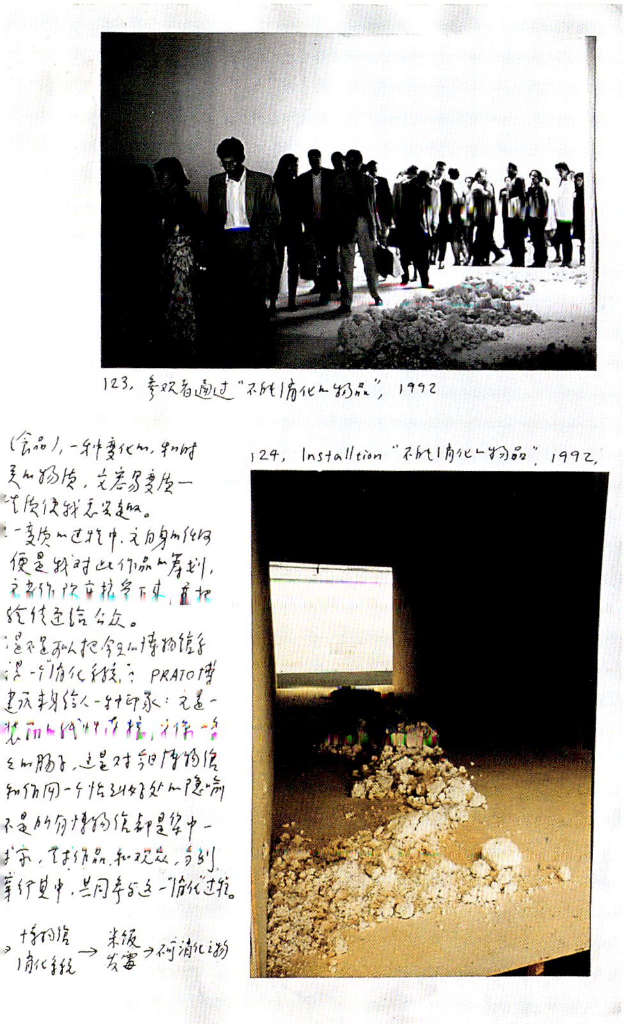


232

231 《不可消化之物》草图 1992
232 黄永砯《册页 3》 1989–1997
233–234 《不可消化之物》(400公斤米饭)(局部)
普拉托当代美术馆 1992 意大利

234

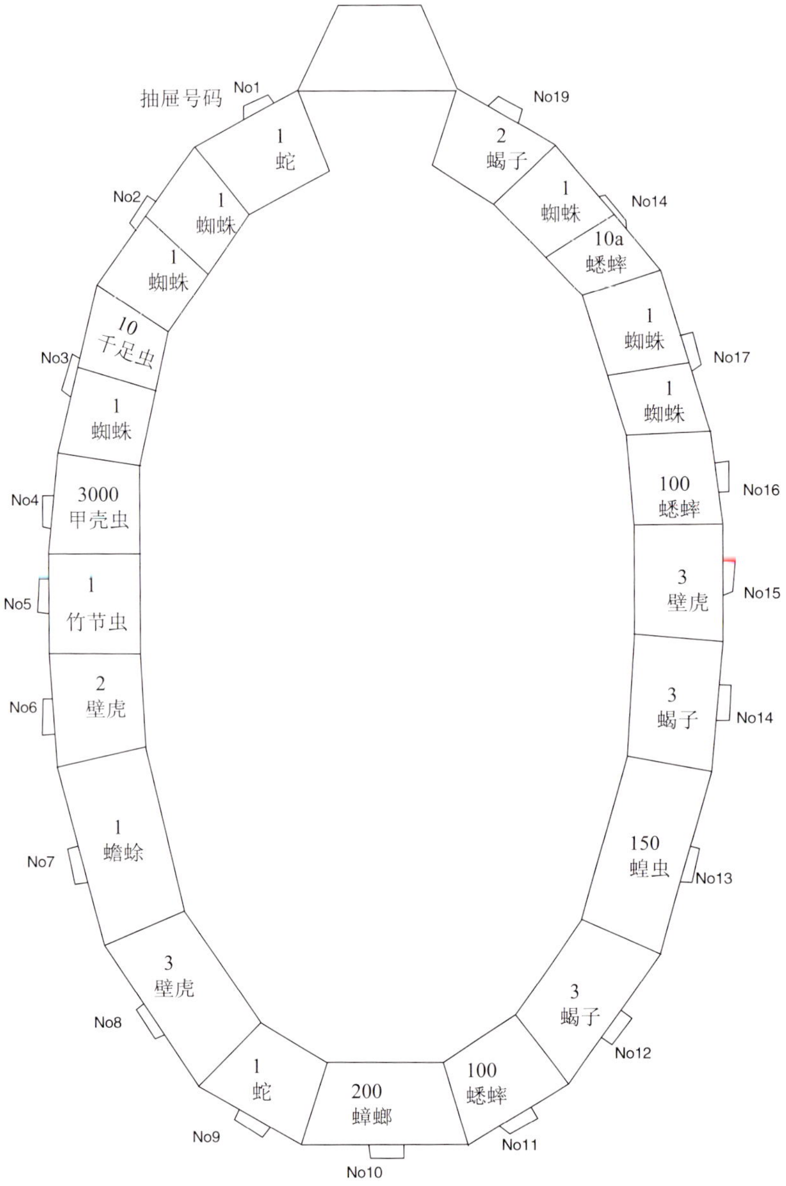

抽屉号码
No1
1
蛇
No2
1
蜘蛛
1
蜘蛛
10
千足虫
No3
1
蜘蛛
No4
3000
甲壳虫
No5
1
竹节虫
No6
2
壁虎
No7
1
蟾蜍
No8
3
壁虎
No9
1
蛇
No10
200
蟑螂
No11
100
蟋蟀
No12
3
蝎子
No13
150
蝗虫
No14
3
蝎子
No15
3
壁虎
No16
100
蟋蟀
1
蜘蛛
No17
1
蜘蛛
10a
蟋蟀
No14
1
蜘蛛
No19
2
蝎子

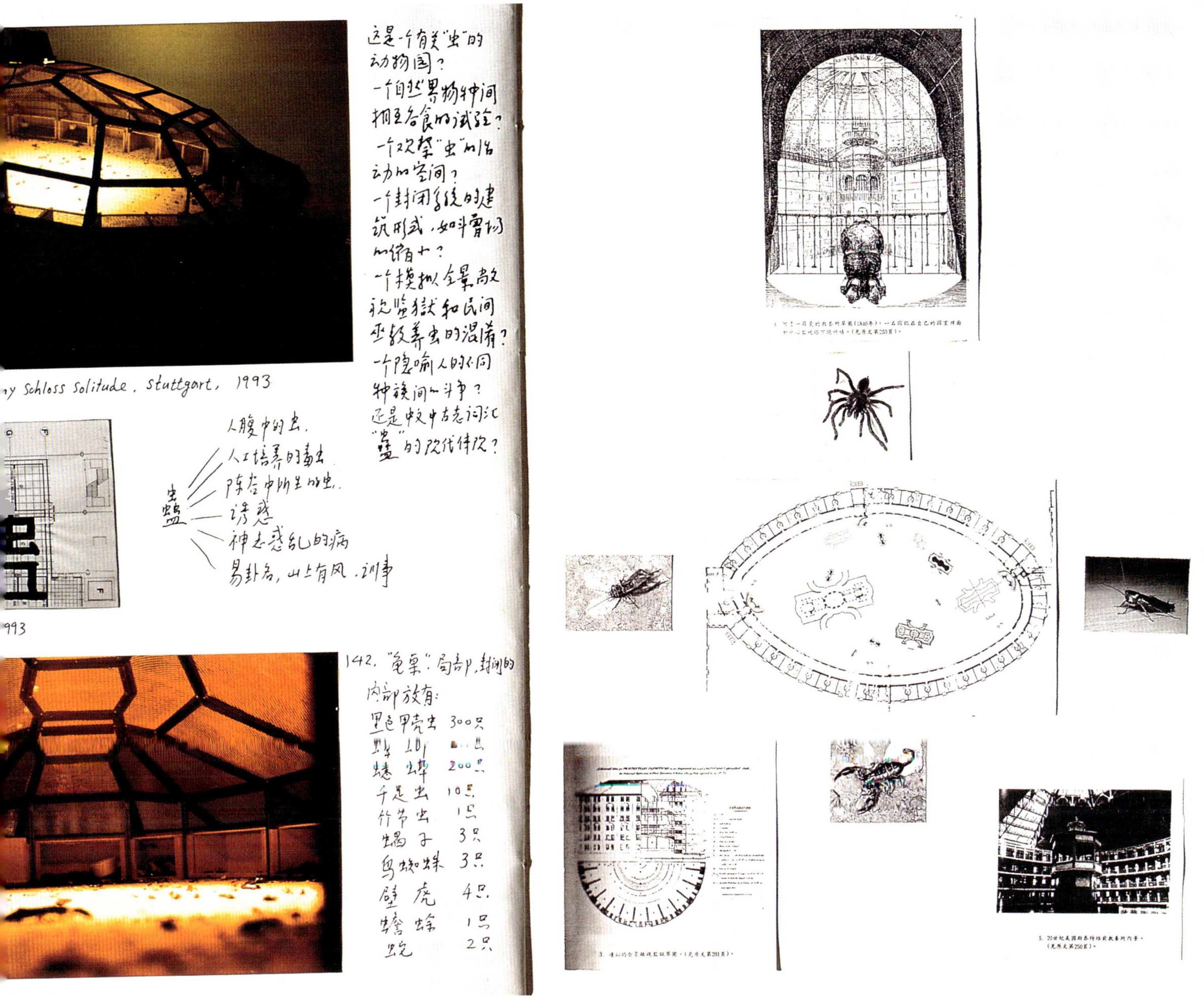


238

237

235 "世界剧场"平面图 1993

236、237 《世界剧场》 孤独学院 1993 斯图加特

238 黄永砯《册页 3》 1989–1997

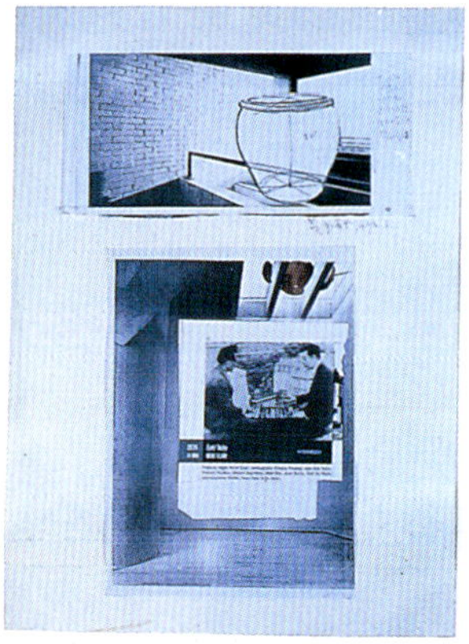

35，草图，"水缸"，（杜象的"中场休息"1924年的图片）
1992。

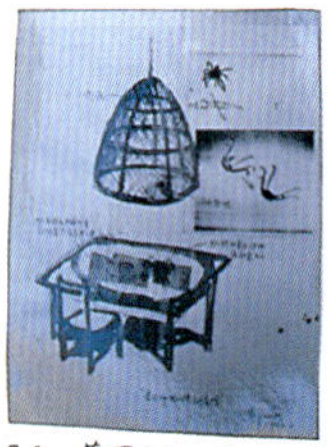

36，草图"圣人师蜘蛛而结网"
展览"Hommages à Marcel Duchamp"
L'Ecole regionale des beaux-arts. Rouen,
1994.

在这里，圣人是指杜象？
还是蜘蛛指杜象？
是蜘蛛比圣人重要，还是
圣人比蜘蛛重要？

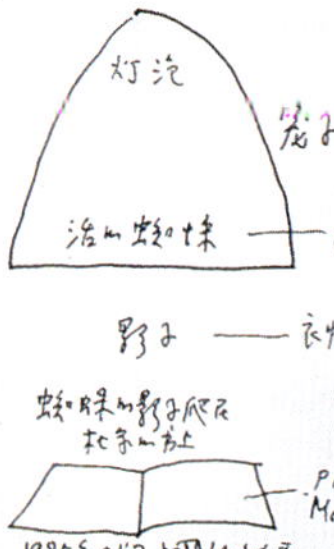


圣人师蜘蛛而结网

为一次展览订某个计划，而某个计划付之实施就像进行一次行事打战，可以把艺术家的策略和兵法相比较，"以正治国，以奇用兵（老子）""兵无常势，水无常形""兵者，诡道（孙子）"提出一个计划就像抛出一个诱饵，计划的"无适性"和实施过程中的临机处置，便成为主要元素，（所引起变化）"出奇"，不仅是对他人（观看作品的人，或其他艺术家），而更多是针对自己。

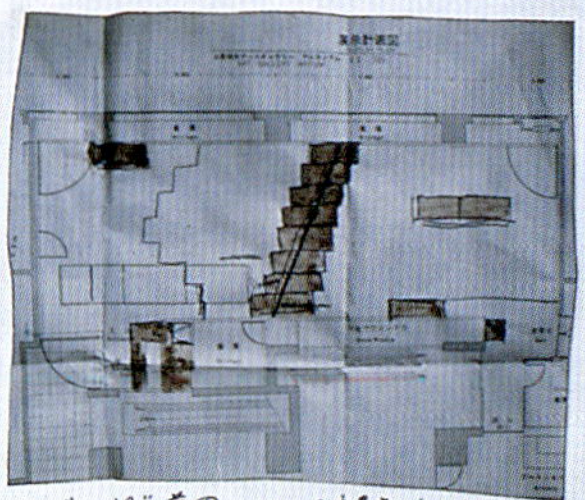

37，"地板"草图，1991。（这是第三次修改计划，我打算把所铺的木板一块一块减少，只留下整个地就家作品的木板。把一个作品做成一个展览的底板，这些木板有缝之处，观众对等都有走动的存在，这个作品直接防及其他艺术家。）

38，"地板"，胶合板和胶条，Exposition "Exceptional passage"，Art Gallery Artium. Fukuoka, Japan. 1991。（这是第二次改变计划后的结果，第一次计划将打算把地板铺一层水泥，当这些木板做为设备例利后，拖板铺好后，我临时决定留下而不倒水泥。）



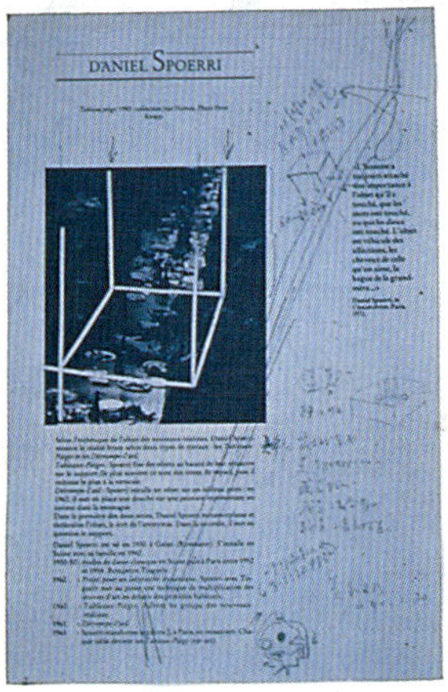


31，草图，挖Daniel Spoerri 1983年埋下的"宴席"，Fondation Cartier. Jouy en Josas. 1990

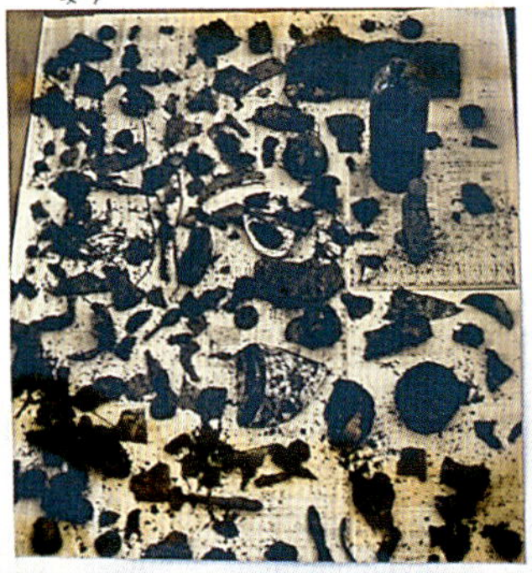

32，所挖出的Daniel Spoerri"宴席"物品，1990

一个作品可以从另一个作品中产生，一件作品和另一件作品之间存在着互相吞食性和相互寄生性。

1990年我挖了Daniel Spoerri在1983年埋下的"午餐"。

Daniel Spoerri是在一种公开的，摄影镜头下的，白天的活动，我的则是一种独立的，无摄像的，黑夜的活动。

一个艺术家吃"另一个艺术家"就像蛇食猬，猬食蜈蚣，蜈蚣食豹，豹食蛟，蛟食虎……

1924年
"中场休息"
曼雷用水龙头冲棋盘
↓
杜象与曼雷下棋

1992年
水缸
装满水
潜在的危险
棋上
↓
棋下
Claude Rutault的作品"下棋"
↓
Marcel Duchamp的作品"棋盘"

一个历史的"重演"。

33，"水缸"，展览"Résistances"，The Watari Museum of Contemporary Art. Tok . 1992

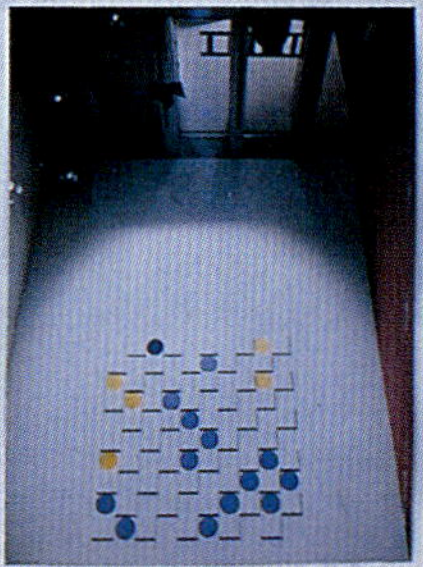

34，"水缸"，底下是Claude Rutault的"下棋"作品。

这个计划使用 150 张羊皮，用竹条支撑在 2.20m 高度（高于人），组成“羊群”，在“羊群”中立一个高 6m，长 7.5m，宽 2.7m 类似牛的怪兽：牛头猪耳，头长四角，身披 12 张牛皮，俯视“众羊”，这个计划显然与欧洲目前“疯牛”事件有关，我把这一日常生活中人们普遍关注的事件，当作一个神话来处理，它呈现如下循环，周而复始的形式：

239，240，242　黄永砯《册页 1、3》　1989–1997
241　《羊祸》
卡地尔当代艺术基金会　1997　巴黎

241

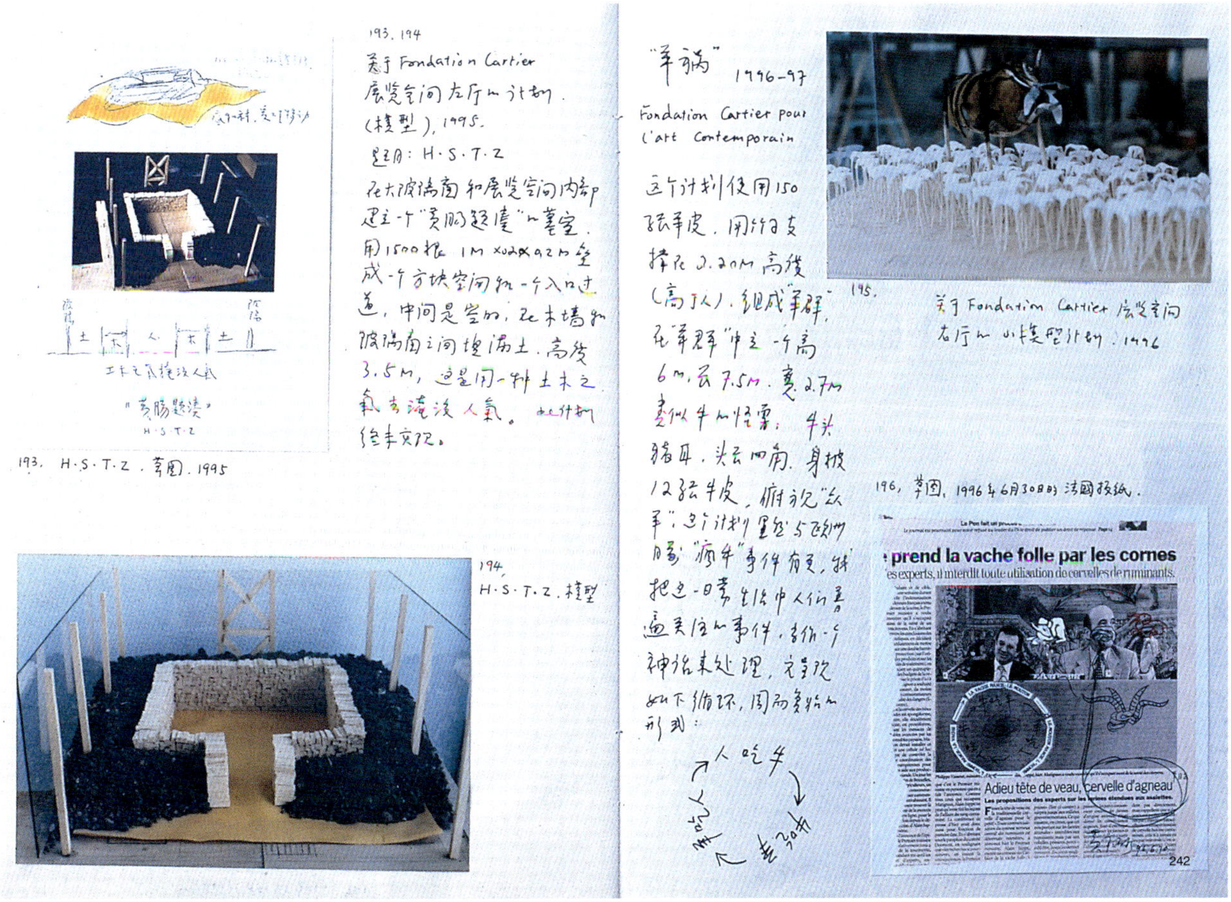

242

243 《羊隅》 1998 卡地尔基金会 巴黎

把一个碗看作是一个
敞开地球仪的半个面
1997.7
作为期限的食品
18世纪东印度公司的瓷器
黄永玉
大
限

245

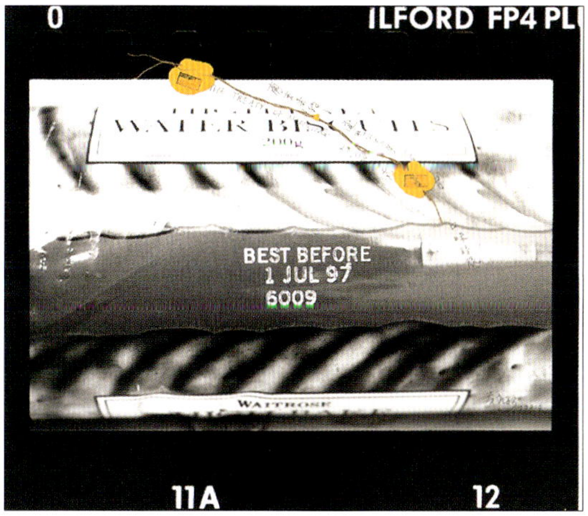


246

247

248

249

作为一个中国人，1997年，在伦敦。这已经为我这个计划定了基调，因为1997年7月香港将结束作为英国殖民地的历史，我便是从这个背景下展开我的想法。在这个计划里，复制5个东印度公司（19世纪）有着西方装饰的陶瓷大碗（直径150cm，高80cm）。我感兴趣的是“瓷碗”作为中国特产（异国情调），通过东印度公司的西方装饰，完全变成一种西方话语，一个碗像一个被剖成两半的地球仪，而四周飘扬着英国、法国、荷兰、瑞典、美国等国国旗。在一个东方风景里，一个被西方列强包围的世界，以及在这保护之下的东方太平盛世---一个19世纪殖民主义的想像力和神话。碗---同时也是盛食物的容器，我将在里面放标有1997年7月1日为期限的各种英国食品：水、饮料、调味品、饼干、点心、奶制品等等，这里暗示一个殖民主义者的饭碗的结束，以及1997年7月1日作为殖民主义神话的大限的到来。

244　《大限》　草图　1996

245，247，248　《大限》　坎普登艺术中心　1997　伦敦

246　1997年7月1日之前的有效期（照片）　1997

249　《大限》　艺术和公众画廊　1997　日内瓦

# AVOC, 1997

计划为 De Appel. Amsterdam.

AVOC 是 VOC 的倒写.
VOC 是 Verenigde Oostindische Compagnie (VOC) 的符号.
AVOC 是 Amsterdam Verenigde Oostindische Compagnie (AVOC) 的符号。在我这个计划里大量使用这个符号的形象，以及它的相关涵义：它出现在纸箱上，炮筒上，瓷器上…… 这也是我参观 Amsterdam RIJKS Museum 时发现的，那时我只是抱着想找一些早期荷兰历史中与东方有关的东西…… 这个符号代表荷兰东印度公司 1602-1800 的历史，它即是商业贸易又是军事暴力，集殖民扩张和经济实惠为一体，一个比今日所谓"跨国公司"更为

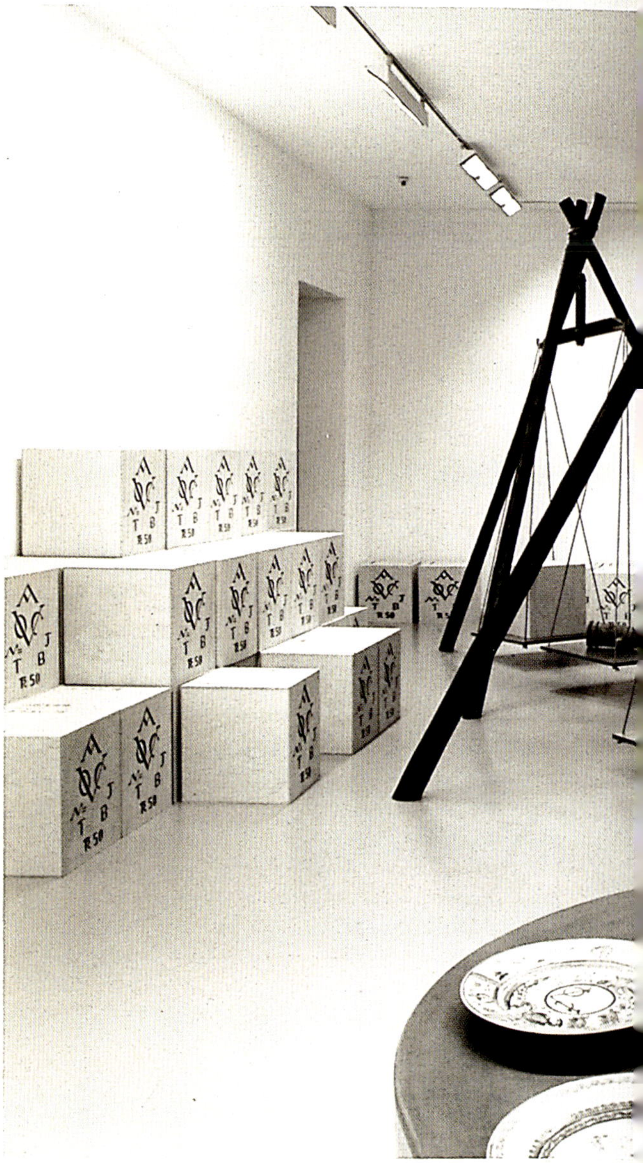

250, AVOC 1997, De Appel. Amsterda

垄断和直接的差距，但这个符号今天已逐渐被人遗忘，而另一个符号是我们所熟悉的，荷兰的"PHILIPS"，闻名的PHILIPS电器……，在RIJKS Museum "VOC-Galerij"标明sponsor philips Nederland，在那里PHILIPS电视用来讲述关于VOC的辉煌历史。

在我这间展厅里，左有50个标VOC木箱（50×50×50），右有100个PHILIPS纸箱，形成一个狭窄的中间通道，上放有二个由三根木头组成的天平杆，这是一个VOC与东方"自由贸易"的回顾场景，只是我稍作改动：一个天平的一边秤盘是VOC瓷盘，另一边是VOC的木箱（自己和自己做贸易）；另一天平杆是VOC木箱和PHILIPS纸箱（过去和现在做贸易）。

250 黄永砯《册页 4》
1989–1997

251. VOC的瓷盘，中国订货。

252

双塔

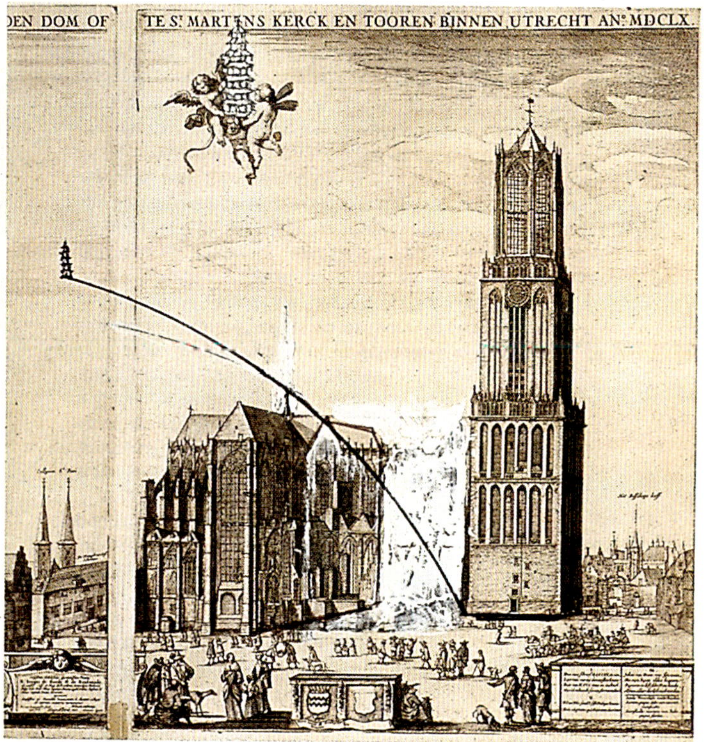


*'De Dom ofte St. Maartenskerck en Tooren binnen Utrecht Ano MDCLX' (La cathédrale ou église Saint-Martin et le campanile à Utrecht en l'an mille six-cent soixante). Gravure d'après un dessin de S. van Lamsweerde, 1660. GAU TA [illegible] 11. Entre l'église et la tour se trouve un passage étroit menant à la [illegible] Sainte-Croix et à l'église Saint-Sauveur. A droite, le palais [illegible]*

280. 草图

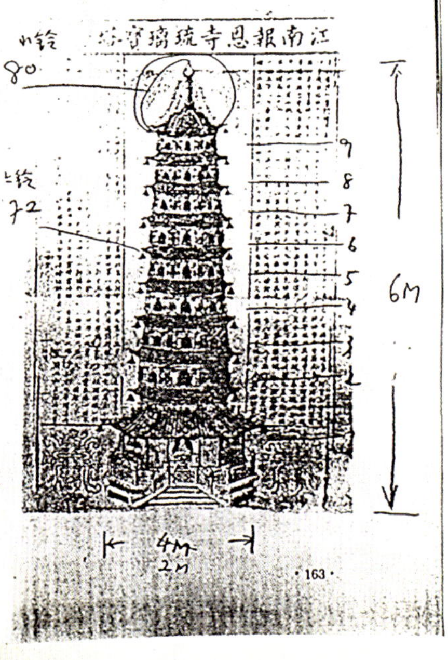


221.

Huang Yongping

Mr. Paul KAMP

Paris 07/07/98

Dear Paul Kamp:

Please find in the following my project for the exhibition "Panorama 2000".

**Title : Two Towers**

The project consists in realizing a curved metallic structure stretching from the bottom of the dome (the lantern) of the cathedral and passing a fulcrum fixed on the roof of the neighboring church. A model of a 15th century Chinese pagoda, 4 meters wide and 6 meters high, will be placed on the top of the fulcrum. (Illustrations 1, 2, 3) .

The idea arose from the particular context of the exhibition "Panorama 2000", of which several questions have aroused my reflections.

(1) the question of viewpoint : The rules of the game of this exhibition stipulate that both artists and the public have to conceive and see the artworks from the high altitude of the lantern of the cathedral. For me, this is not a neutral viewpoint, but a viewpoint obtained from an occidental Chirstian cathedral.

(2) the question of time : Why is the year of 2000 important? We might have already forgotten the premise that what we use is the western calendar. The western calendar with a division system based on periods of time such as century was originally in accordance with the chronology of Christianism. Every one hundred years has religious and ceremonial meanings. At every turn of one thousand years we stress the significances of a "millennium".

"Panorama 2000", an international art exhibition, with a viewpoint from a Christian (or Catholic) cathedral tower and at the particular moment of the "millennium", tends to carry out a panoramic viewing. This particular context has aroused my great interest and at the same time, reminded me of the "panopticism" mentioned by Michel FOUCAULT in "Discipline and Punishment - the Birth of Prison". A way of describing the time which we are familiar with, a prescribed viewpoint, a tall tower from which we can observe everything, all these belong to the occidental terminology which implies a question of power.

My project, by creating an oriental pagoda suspended in the air, tends to gain a different, imagined viewpoint. The curved metallic structure connects the oriental and occidental viewpoints and makes their relation as a balance.

Regarding the relisation of the project :

1. The curved metallic structure : Use light, elastic and resistant material, such as alloy of aluminium and other metals. One end of the curved structure is larger than the other. The larger end around 40-60 cm in diameter is to be fixed to the ground with cement. The smaller end around 20-30 cm in diameter will be composed of multi-stemmed pipes.
2. The fulcrum : An iron support in a form which is in accordance with that of the roof of the church. The fulcrum is to be fixed on the roof of the church.
3. The pagoda : The construction is hollow and made up with iron frames and curved metal structures. The outer part is made of fiber glass or silicium. In the pagoda are to be hung 175 wind-bells of different sizes.

As for the technical details, we may have further discussions.

Best regards.

Huang Yongping

黄永砯

"双塔"

为 utrecht Panorama 2000

这个计划制作一个弧线形金属
结构，从塔楼 Dom 底部出发，
通过教堂顶上的一个支点，在顶端
一个宽4m，高6M的小塔，一个
15世纪中国塔的模型。

这个构思来自 Panorama 2000 这一
展览的特殊背景，有几个问题引起我
兴趣，一是视点问题，这个展览的游
戏规则——即艺术家和观众都在一个
楼的制高点来构思和观看作品，这一
点对我来说，并非是中性的，而是一个
西方基督教堂的钟楼为出发点的视点，
时间，2000年为什么重要？我们不能
忘了我们使用的是西历这一参照，这种
纪年原来是按照基督教的叙述组
织，西历每年都是有一种宗教仪式的意义，每
年之交则有千年至福的意义。从一个基督
(或天主教)塔楼出发，在一个"千年至福"的
时刻，举办一个国际性艺术展览，做一个
全景观看，这使我想起"全景敞视主义"(Michel
Foucault)，一个我们称为常的描述时间方式，一个
全景的视点，一座洞察一切的高塔，却隐藏着一种
的西方话语。我的计划是在通过建立一个
空的东方塔，获得另一种不同的想像的视点，
弧形金属结构把东方和西方的视点给联系起
来使之像一个天平。 98.7.7

De kerk voor en na de storm van 1674

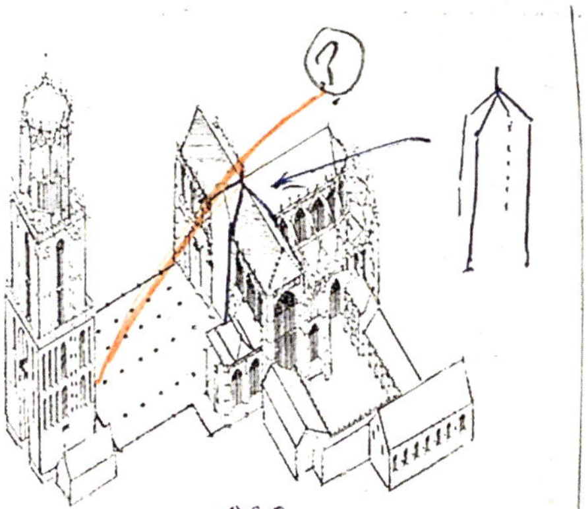

1999

282.

283.

251 黄永砯《册页》
1989–1997

252

253

这里集中了我 1989–1992 年与《易经》和各种占卜有关的物品和照片。直至目前，我每一次计划都询问《易经》，以期获得意外的可能性，解决做什么，怎么做时的犹豫不决。从 1987 年开始，我的工作方式逐步从靠“偶然性选择”转向靠“神告”，这两种方式都是淡化作为艺术家个人的权力，即艺术是一种特殊的个人创造性的神话。“神告”比“偶然性选择”更古老，对我也是一种摆脱西方化影响的策略，同时也更自然地就地获得来源（指中国传统）。《易经》占卜即是神告，占卜的结果虽然是模棱两可、暗示性或寓言式的，但它确实影响我的思

254

255

256

考过程。“神告”即是人主动去接受它的影响,这种关系是不可测度的。《占卜屋》这件作品是建造一个帐篷,里面放有各种占卜工具:大转盘(木刻日历),占卜桌,由占卜书“搅拌”后放在铁棍上的“武器”,风水仪等等。同时帐篷又是我制定各种展览计划的工作室,它类似中国古代战争中谋士的工作:“运筹帷幄之中,决胜千里之外”。

252–256 《占卜者之屋》
福洛门和彼特曼画廊 1992 巴黎

257

“中国手洗衣店”这个旧招牌是我在纽约华埠历史博物馆找到的，我把它当作我在纽约这次展览的主题和材料。手洗衣店是中国早期移民在美国从事最多的一种职业，它的盛衰一直伴随“排华法”（1882－1943）这段历史。使用这一旧招牌，我把它看作是一种“他性”的象征，看作是如何在西方背景下获得独立存在的实例。由一个中国艺术家去重建一个“中国手洗衣店”，则意味着对其身份文化的认同，但是否如实地重现一个“中国手洗衣店”对我并不重要，我只不过是借用“清洗”这一主题，在一个“中国手洗衣店”的内部则是美国当代自动清洗汽车的装置，观众在这个不可回避的通道中穿行，同时被“清洗”，从“手洗衣”→“自动洗车”→“洗人”。

258

259

260

257–260 《中国手洗衣店》
新美术馆 1994 纽约

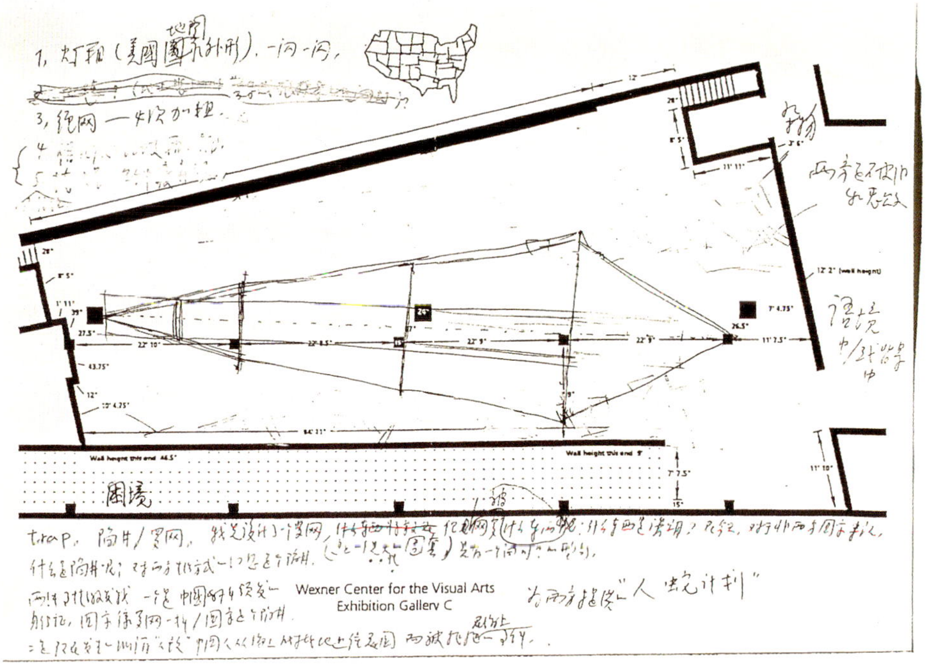


129,"人蛇计
草图. 1993

130,美国华人报纸,图片为中国沿海前往美国的偷渡移民. 1993.

131, Installtion "人蛇计划"展
"Fragmented Me
Wexner Center fo
Columbus. Ohio
1993.

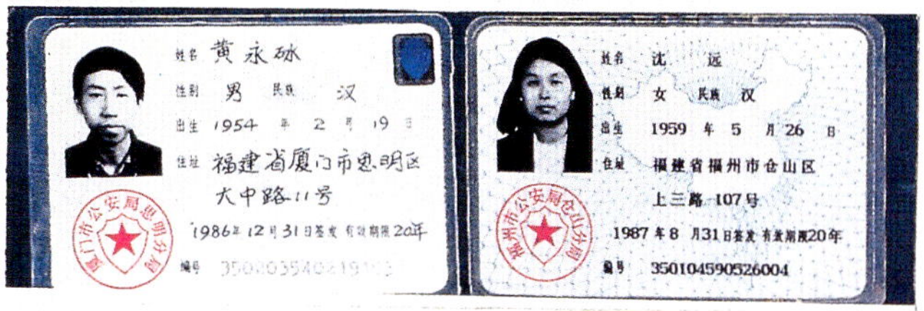


132，在中国颁发的身份证，1986。身份证的背景图案为一张大网。

为了适合Wexner Center这个特殊的展览空间，我考虑建立一个类似"捕兽器"(trap)的大网，但什么东西是诱饵？什么东西被网罗？有两件事启发我这个作品，一是我到美国创作这个计划时发生的，所谓"人蛇"成批成批地从中国沿海前往美国的偷渡者，被美国拒绝在墨西哥海域的事件；二是中国1986颁发的身份证：中国的地图图形整个地陷在大网之中，网被作为一种法律，一种边界，一种国家控制力的象征，我把"美国地图"作为诱饵放在网中，作为一种普遍的象征物，在今天，对于非西方国家的人来说，什么是陷阱呢？对西方生活方式的向往是个陷阱。具有讽刺意味的是，这件在美国展出而把美国当作一种陷阱的作品自身正陷在陷阱之中。

133，"人蛇计划"局部，美国地图灯箱在网的末端，1993。

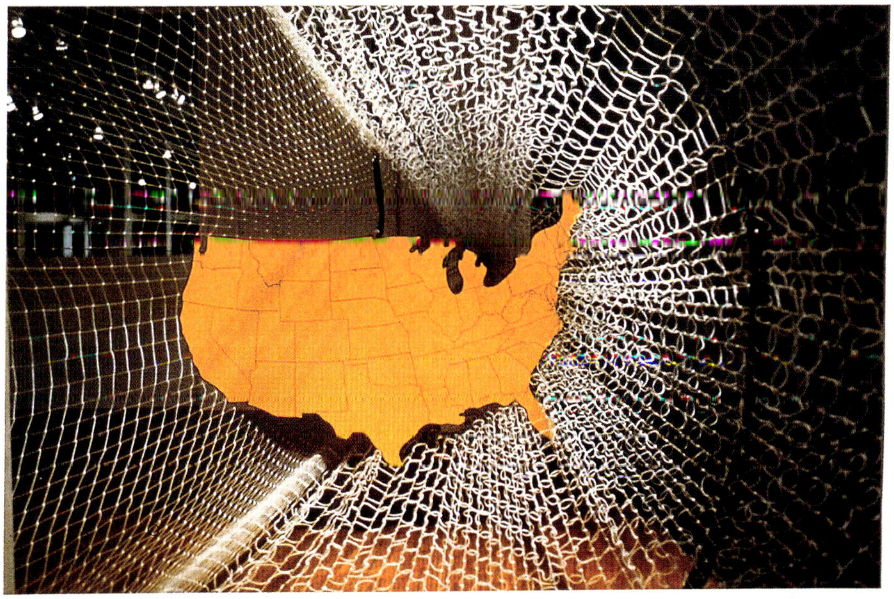

261 黄永砯《册页3》
1989–1997

263

264

《竹佛》这个作品在我看来有三个重叠的"波"或"圈"：一个是由水塔为中心向外扩展的"水波"，一个是由风铃产生声音的"波"，另一个是"佛"作为一种精神象征，几千年来在时间和空间中传播、扩展它自身。如果我们把"水波纹"这个形象逆着看，顺着水波纹的缩小，我们便可找到造成"水纹"的原因，它可能是我们抛进水中的一块石头，放大的佛在密集的住宅中，在一个刚发生"真理教事件"不久的东京，这是一个意义相当含混的，有争议的形象。

265

266

262-266 《竹佛》 1995 东京

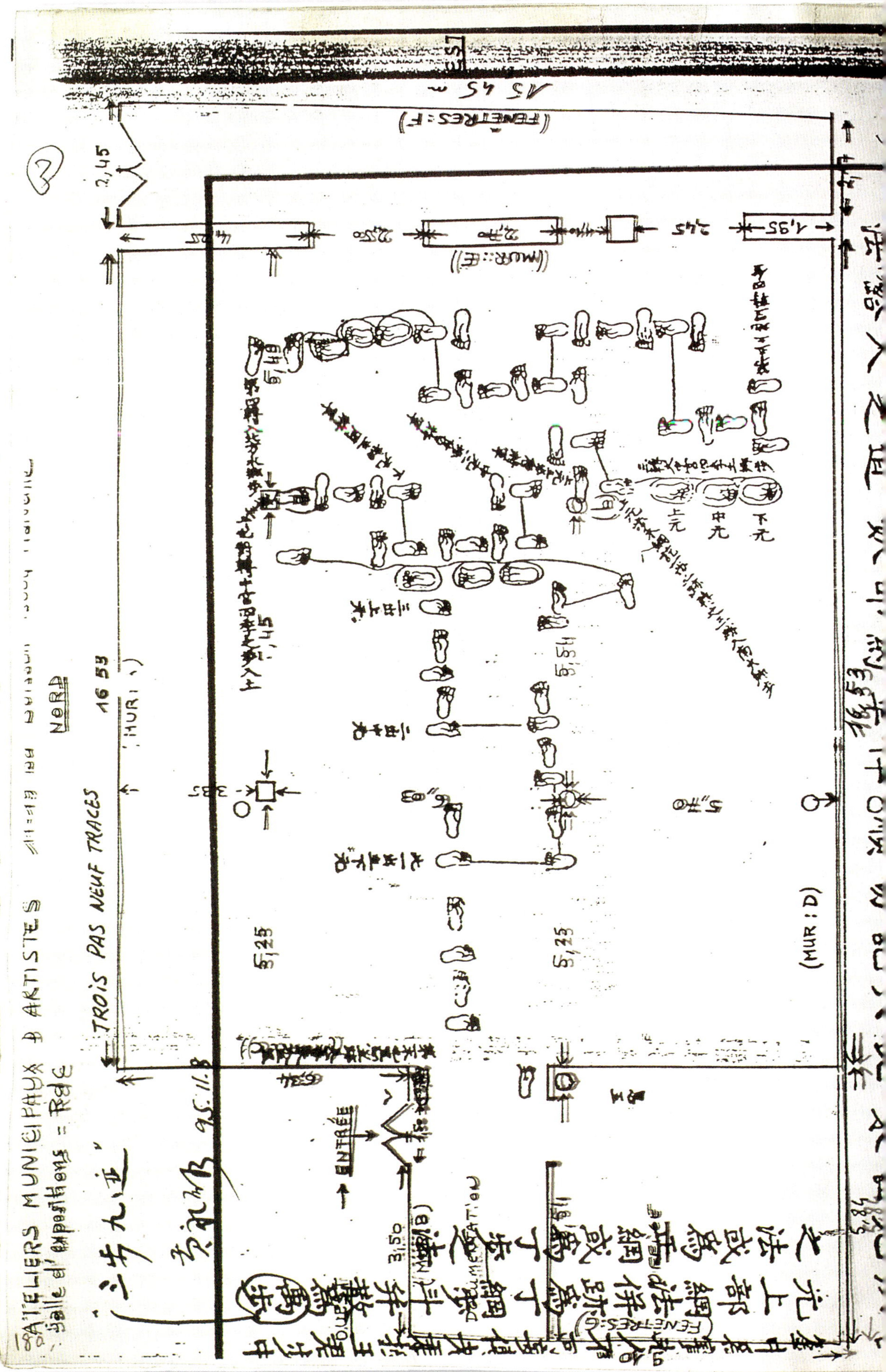
ATELIERS MUNICIPAUX D'ARTISTES
Salle d'expositions = RdC
NORD
TROIS PAS NEUF TRACES
16 53
15 45
2,45
1,95
5,25
(FENETRES : F)
(MUR : E)
(MUR : D)
ENTREE
下元
中元
上元

"三步九迹" 1996
Ateliers d'artistes de la ville de Marseille.

这个计划用石膏在展览场地倾倒一块"大陆"的形状，石膏厚度20cm，面积约120m²，在湿的未干的石膏上踩72个大脚印，每个脚印长80cm，宽35cm，这些脚印由我称之为"三足之器"的模子压成，三足分别是基督 christ，佛 Bouddha，先知 Prophète (Islam)。一步三迹，分24步走完。

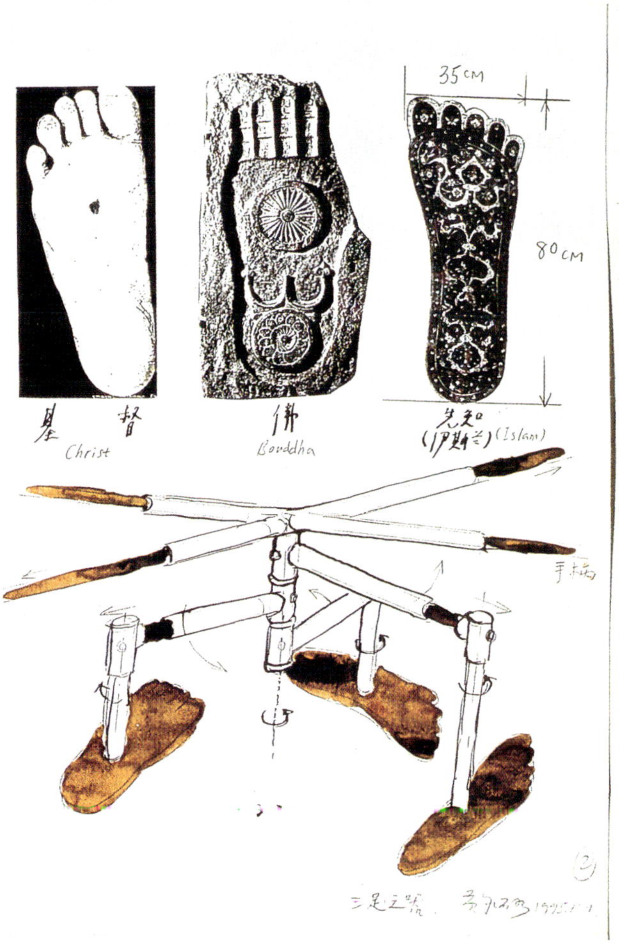


181, Trois pas Neuf traces 稿.

182,

267 黄永砯《册页4》
1989–1997

268

用石膏在展览场地倾倒一块“大陆”的形状，石膏厚度20cm，面积约120m²，在湿的（未干）的石膏上“踩”72个大脚印，脚印长80cm，宽35cm，这些脚印由我称之为“三足之器”的模子压成，三足分别是基督、佛、先知（伊斯兰教）。

一步三迹，分24步走完。此步法来自道教仪式中的“禹步”，又称“三步九迹”。常识中一步只有二迹，除非跛脚加上拐杖，这使我产生一种“三足并行”的意念，一种佛教、基督教、伊斯兰教三大宗教在世界大陆上跛行的形象。在脚印周围布有7个街上垃圾桶，分别被各种物品封掉（如阿拉伯铜盘，煎饼等等）。这使人联想到1995年巴黎的恐怖活动，封掉的垃圾桶和宗教足迹，似乎传达一些信息：暴力和不同文明的冲突，行走和迷途……

268、270、272 《三步九迹》 马赛市艺术家工作室 法国

269 三足之器模型 1995 巴黎

271 《三步九迹》制作现场 1995

269

270

271

272

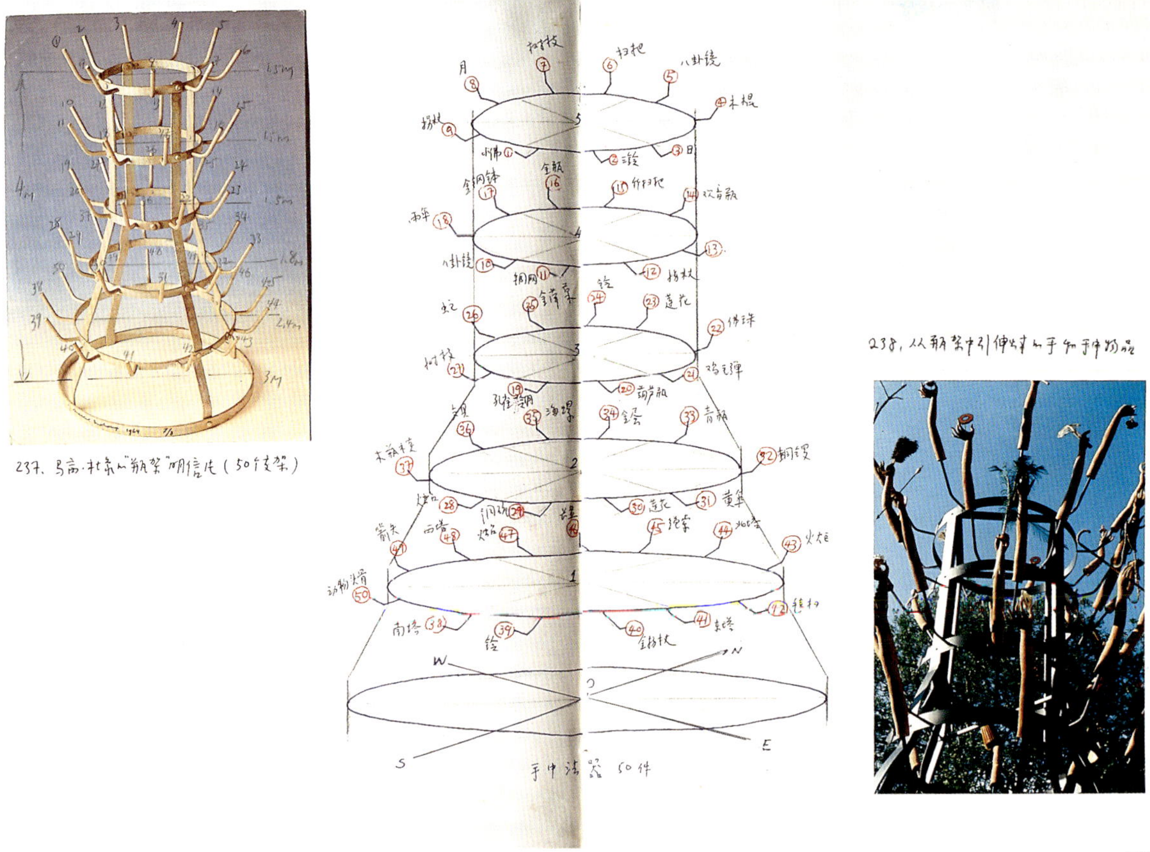


273

这个想法产生于我参观当地教堂里的一个基督雕像，此雕像在二次大战中被毁双臂，至今仍然保持原样，只是在手臂位置上增加一段文字“除了你的手，我没有手”。这个西方的无手基督似乎启发我建造一个东方的千手佛。这个想法同时来自于几种不同而又有类似形象的重叠：动物中的千足虫，佛教中的千手观音，马赛·杜象的瓶架。这些形象都有繁复的肢体，都从一个“身体”出发：虫千足，一人千手，一物千支架。这个“瓶架”不仅成为千手的支架，同时也提供了一种艺术史上的参照系，杜象“瓶架”作为一个现成品，在凸起的支架与凹进的瓶口之间隐喻一种“性”，我把这个西方艺术界熟悉的形象“繁殖”成另一个东方的千手观音。“瓶架”作为现成品的冷默，超然的趣味被繁多的形象，复杂的象征所遮蔽。“手”在这里的意义是行动和实践，而不仅是观念和理论，“千手”是象征变化无穷，融通无碍的实践力。这个计划是关于形象和意义之转换和衍生，它所处位置与教堂和其宗教塑像相对峙，东与西，艺术与宗教，古代与当代被混沌在一起。

274

273　黄永砯《册页 4》　1989–1997
274　《千手观音》草图　1997
275　《千手观音》模型　1997
276　《千手观音》　1997
　　明斯特　德国

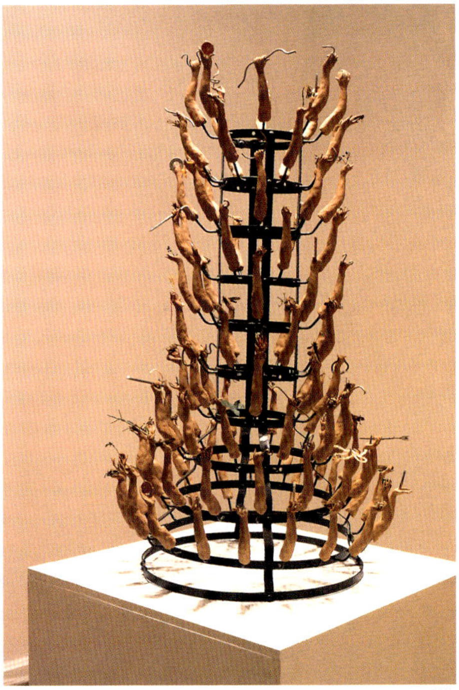

275

259

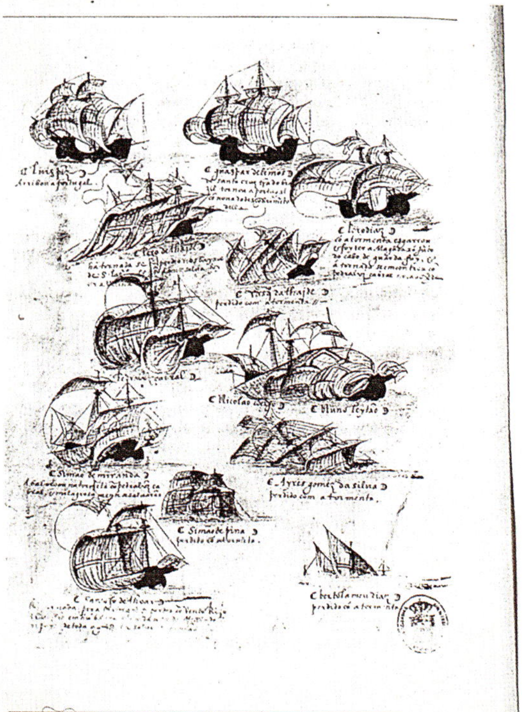

La flotte de Pedro Álvares Cabral (1500) ; parmi les navires qui ont fait naufrage, on reconnaît celui de Bartolomeu Dias (en bas à droite) ; in : Livro das armadas, Académie des sciences de Lisbonne.

260.

259. "季节风"模型 1998.12

260. 一张描绘16世纪葡萄牙船队的素描.

261. "季节风"草图, 1997.

262. 15世纪葡王标志的石柱. 藏于里斯本海洋博物馆.

"季节风" 1998. 里斯

这计划将制一个
15.16世纪的葡萄牙
风帆, 长5M, 宽3.8M
高5M, 倾斜地悬
展览空间, 这些风
由后面的电风扇所
动, 使之充满强力.
帆的所有绳索集中在
上——根刻有15世
葡王标志的石柱(长2.
M), 在最早的殖民主义

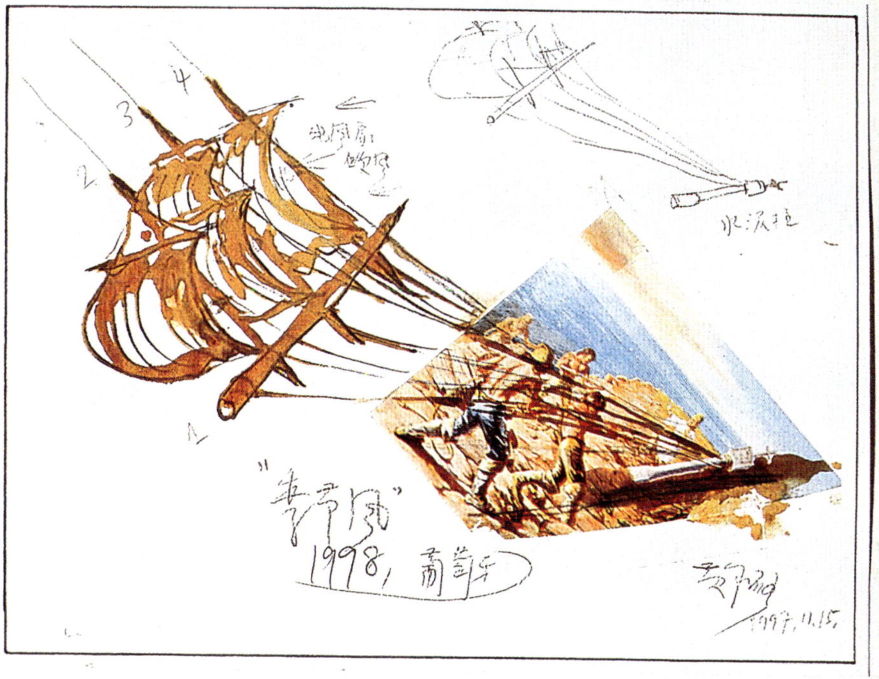


261.

历史中，葡萄牙人在所到之处都竖立这种石柱作为占领的标志。这个装置好像在两个意思相反的含义中摆动：大风帆带动着"石柱"前进；或是沉重的"石柱"导致大风帆的沉没。葡萄牙人的海上称霸线路，是和大风帆的产生和海上季节风的风向密切相关的，在这件作品里，标题"季节风"是用来隐喻一种"时代潮流"

262.

280 黄永砯《册页5》
1998–1999

"从东站到西站"1998, Gare de l'Est, Casino Luxembourg. 284

当我1987年来巴黎时，汉斯·哈克正好有一个展览在蓬皮杜文化中心，在他的作品中
放了两块"Barbes Rochechouart"的地铁牌。当时我对巴黎社区一无所知，也无从了解
这块牌子的意义。但它使我对这个地铁站印象深刻。当时我住的旅馆在地铁站Anv
离Barbes Rochechouar只有一站路。后来我有三年住在离这一带不远的18区。96年我搬
到Rue Fbg Poissonnière，重新回到这一地铁站。这样来，我一直生活在邻近于巴黎的
斯林之中。对我而言有意义的是，它不是一个纯一的法国主流社会的背景，而是一个混杂的、多
些脏乱的、边缘的、多文化交叉在一起的背景

285

这也使我对穆斯林或伊斯兰教生活方式产生
了好奇和兴趣。在法国"阿拉伯问题"更敏感就如
同"黑人问题"对于美国社会。我试着将这
些关注融入我的作品，"从东站到西站"
这计划用了三辆超级市场推车和虔诚
朝拜者的精神。围绕一个由204

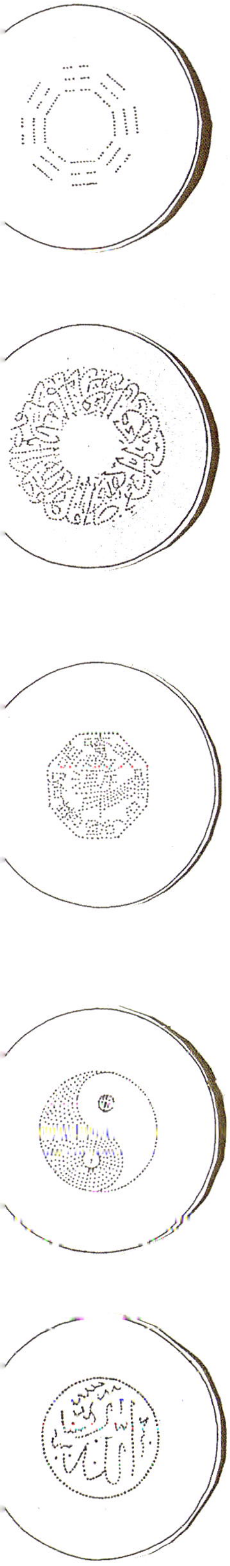

286

油桶连起来的高6m，宽5.4m的立方体。上面覆盖黑黄黑的罩布。像个储藏油桶的仓库，展览空间还分布三个巴黎街头1997年之后的透明的塑料垃圾桶，这个作品会带一些特殊的气味，只能通过巨大的"油库"罩面的空间，以及巴黎街头垃圾桶的故事……这些特点好像从那个巨大的油桶方块"场所"中游离出来，罩上黑色黄色的罩布产生一种暧昧的一般的"宗教性"；油桶—石油—油库—火药库，尤其是我们把伊斯兰教看作是将来可能改变世界的一个巨大火药库。

287

281 黄永砯《册页5》
1998–1999

282

283

284

1999 年我在日本北九洲 CCA 做了一本小册子，一把地球仪按“削苹果皮”的方式削下展平做成的地图册，《2000–2046 年的旅行指南》。地图上标有 431 个条目，是关于 2000 年 –2046 年之间的世界各地自然灾害和变异。这些条目是取自 1993 年中国出版的理喻著 500 年预言书《未来世纪》。后来，我用装置的方式重新展示，展开的地球仪失去了一般观看地图的参照系，431 条目用细的铜条插在指定的地点，像针或是箭或是占卜的签，这些未来灾难的预言有着明确的时间，地点却是飘移的、不定的，在我们惯常的视野之外。431 个条目其中有：

159. 2040 年 10 月异常低温。

160. 2025 年 12 月海下地震。

161. 2015 年 12 月噪音严重，患染遗传性耳聋或其它耳病。

162. 2010 年 1 月风灾导致火灾。

163. 2011 年 12 月海啸。

164. 2020 年 11 月干旱，有风灾。

165. 2010 年 12 月气温异常。

166. 2011 年 10 月干旱。

167. 2025 年 7 月有异常天气现象。

168. 2012 年 11 月持续干旱、地面开裂。

169. 2015 年 8 月暴雨成灾。

170. 2011 年 4 月 7 级左右地震。

171. 2007 年 1 月异常低温。

172. 2011 年 6 月动物种类减少 4 个。

173. 2033 年 8 月山体大面积塌毁。

174. 2001 年 10 月连续不断降雨。

175. 2013 年 9 月水灾。

176. 2038 年 9 月涝灾。

177. 2033 年 8 月水灾。

178. 2041 年 9 月海潮上岸。

179. 2003 年 1 月火灾，火势大。

180. 2004 年 6 月水灾。

181. 2020 年 12 月水流量增加。

182. 2028 年 7 月涝灾。

183. 2009 年 10 月风灾。

184. 2014 年 10 月暴雨成灾。

185. 2033 年 8 月雷灾。

282 《地球仪和地图》 魁北克当代艺术中心
2001 加拿大

283–285 《世界地图》 巴黎市立现代艺术博物馆
2000 法国

286

288

287

289

这件作品是用沙做一个“银行”，其原型取自1923年建于上海的英国汇丰银行，“沙的银行”将基本固定外形，但它同时是易损的，随时有崩溃的危险。

《帽子灯罩》在美术馆北门厅中央顶上取下原有的六角形灯罩，换上一顶欧洲殖民时代的帽子(1850–1940)样式改装而成的灯罩。

这两件作品应该看作是互相补充的两个点：一个是大体量，触目，但易损的；另一个是轻巧、透明，不易察觉的。这两件作品都是受这个地点的建筑样式(英国跑马厅)的启发，同时表现对它相关的殖民地、半殖民地历史的关注和再度提醒。

286,288 《帽子灯罩》 上海美术馆 2000
287 《沙的银行或银行的沙》 上海美术馆 2001
289 《八脚帽》 杰克提敦画廊 2000 纽约
290–291 《供桌》 艺术与公众画廊 1997 日内瓦

290

291

291

292

这个计划是建立一个直径8米，高2.75米，形如大碗的装置。从展厅隔层看，它像装满红土的大碗，里面有一圆形简易木屋；从下面看，白色的碗碟形则是巴西首都巴塞利亚那座著名的“三权建筑”的一个局部。这项计划融入巴塞利亚乌托邦精神，圣保罗现实生活中一些简易木屋的场景，以及中国福建民居“圆形土楼”的启发，这是为25届圣保罗双年展主题展“第12城市”提供一个“飞碗”。

291、294 《飞碗》（与沈远合作） 圣保罗 2002 巴西
292 巴西利亚的议会建筑照片
293 圣保罗的贫民窟照片

293

294

# 索引

295


| 年月日 | 作品<br>标题、材料、尺寸<br>文章<br>其它内容 | 页码 | 图码 | 展览名称、地点 |
|---|---|---|---|---|
| 1954年2月19日 | 生于福建厦门 | | | |
| 1977年 | 浙江美术学院油画系学生 | | | |
| 1981年 | 毕业 | | | |
| 1982年 | 《运行的钢包》喷漆涂料 | 196-197 | 295 | |
| | 1982-1984年在厦门的工作室 | 196-197 | 296 | |
| | 《谈我的几张画》 | | | |
| 1983年5月 | 《无题》石膏 25x25x30 cm | 196-197 | 297 | 五人现代画展　厦门市文化宫 |
| 9月 | 《图—词—物》 | | | |
| 10月 | 《现代绘画在中国命运占卜》 | | | |
| 1985年 | 《非表达绘画1、2、3、4》综合涂料 | 50-51 | 47-49<br>51-52 | |
| | 《转盘》木头 | 51 | 50 | |
| | 《一种按程序（自我规定）而又与我无关的（非表达）绘画》 | | | |
| | 《会响的手枪》锁、自行车铃、水管 30x18x6 cm | 27 | 3 | |
| | 《拐脚》石膏、瓶子 24 x10 x32 cm | 196-197 | 298 | |
| 10月 | 《谈论艺术》 | | | |
| 1986年2月 | 《即这个是泉（注）》 | | | |
| | 《关于"艺术"的语言问题》 | | | |
| | 《垛草》油画、木头、石膏 | 196-197 | 299 | |
| | 《厦门达达》报纸 | 27 | 2 | |
| | 《胡子最易燃》画册改装 | 31 | 13 | |
| | 《胡子最易燃》纸　29.5 x21 cm | 30-31 | 9-12 | |
| | 《安格尔的土耳其浴室》 | 28 | 5 | |
| | 《给劳生柏的备忘录》 | 28 | 4 | |
| | 《带链子的头像，画布自然扭曲》布、木、铁链　150x170 cm | 28 | 6 | |
| 10月 | 厦门达达——一种后现代？》 | | | 厦门达达 - 现代艺术展<br>厦门市群众艺术馆 |
| | 《厦门达达》展览照片 | 28-29 | 7-8 | |
| 11月9日 | 实施“作品-垃圾处理”计划 | 36-37 | 21 | |
| 11月23日 | 《焚烧活动》黑白照片 | 26 | 1 | 厦门市群众艺术馆广场 |
| | | 32、33 | 14 | |
| | | 34、35 | 15-19 | |


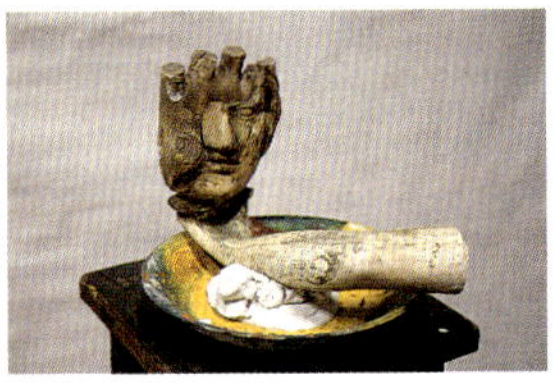
297

296

299

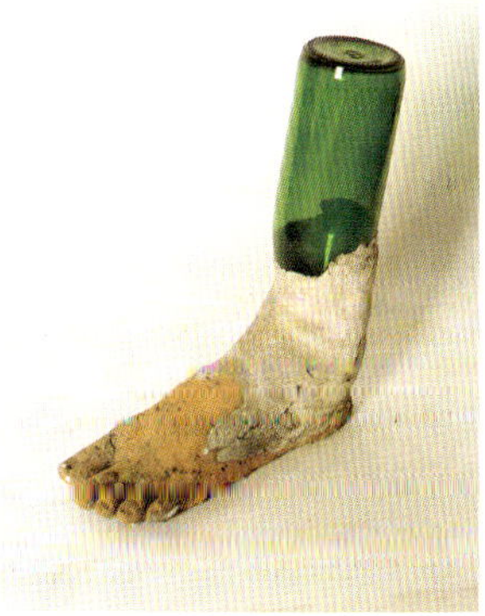

298

| 年月日 | 作品<br>标题、材料、尺寸<br>文章<br>其它内容 | 页码 | 图码 | 展览名称、地点 |
|---|---|---|---|---|
| | 《厦门达达焚烧声明》 | 34 | 20 | |
| | 《是自画像还是达芬奇还是莫娜丽莎》 | 46 | 45 | |
| | 画布、灯箱 | | | |
| | 册页1 | 36-37 | 21 | |
| | 《以美术的名义放弃绘画雕塑》 | | | |
| 12月14日 | 《80-86年艺术活动自述》 | | | |
| | 发生在福建省美术展览馆内的事件展览 | 38-39 | 22-30 | 福建省美术馆　福州 |
| 1987年 | 开展两小时即被通知不得展出 | | | |
| | 《空洞开始的一篇美术论文》 | | | |
| | 《为了一个引人注目又符合文章内容的 | | | |
| | 标题必须耗去许多精力》 | | | |
| 2月4日 | 《正面发痒、背面发麻》 | 53 | 55 | |
| 4月18日 | 《厨房》画布 166x82cm | 42 | 35 | |
| | 《灰尘》木箱、纸 | 42、43 | 36-38 | |
| | 《课堂作业》 | 43 | 39-40 | |
| 10月 | 《四个轮子的大转盘》木头 | 52、54-55 | 53、59-61 | |
| 11月12日 | 《鞭炮裤子》鞭炮、牛仔裤 | 40-41 | 31-34 | |
| | 《大转盘-第127条，捆绑一种软体》面包、 | 52 | 56 | |
| 11月20日 | 草绳 | | | |
| 11月29日 | 《大转盘-第151条》醋、蜡 | 52 | 57 | |
| 12月1日 | 《大转盘-第47条》画布 | 52 | 54 | |
| | 《1980年临摹的油画，1987年12月1日 | 52 | 58 | |
| | 在洗衣机搅拌五分钟》 | | | |
| | 《〈中国绘画史〉和〈现代绘画简史〉在洗 | 72-73 | 83-84 | |
| 12月1日 | 衣机洗两分钟》纸浆，木箱，玻璃 80x50x50cm | | | |
| | 《完全空的能指》 | | | |
| | 《1987年的思考、制作和活动》 | | | |
| 1988年 | 《理论反对理论自述》 | | | |
| | 《六走向小转盘》木头 | 56 | 62 | |
| | 《"甚至，杜象被汉人剥得精光"改写例子 | | | |
| | 与杜象研究》 | | | |
| | 《藏书计划》 | 76-77 | 87-89 | |

301

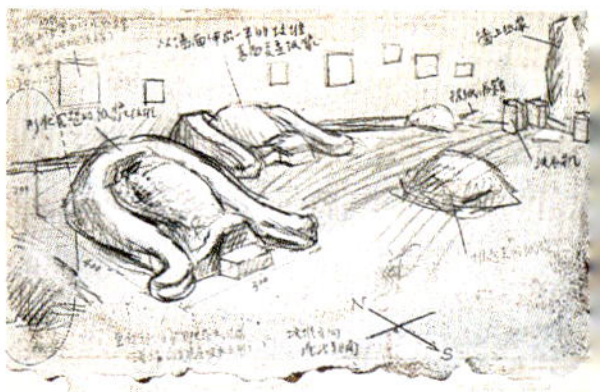

300

| 年月日 | 作品<br>标题、材料、尺寸<br>文章<br>其它内容 | 页码 | 图码 | 展览名称、地点 |
|---|---|---|---|---|
| | 《藏书计划 II》 | 88 | 110 | |
| | 《救生衣》 | 77 | 90-91 | |
| | 《艺术不祥之物》 | | | |
| | 《坐椅》 | 78 | 92 | |
| | 《书橱》 | 78-79 | 93-94 | |
| 11月 | 《摄影镜头中的"前卫美术"》 | | | |
| 1989年 | 《躲避美术馆》 | | | |
| 2月3日 | 《拖美术馆计划》草图 | 45<br>44 | 44<br>41-43 | 中国前卫艺术展<br>中国美术馆　北京　中国 |
| | 《艺术—权势—言谈》 | | | |
| | 《爬行物》草图 | 198-199 | 300 | |
| 5月 | 《爬行物》纸浆、三部洗衣机 7 x 4 x 3 m | 91-92 | 115-118 | “大地魔术师” |
| | “大地魔术师”展览请柬 | 198-199 | 301 | 蓬皮杜文化中心<br>国立现代艺术博物馆和拉维<br>莱特大厅　巴黎 |
| | 留居巴黎至今 | | | |
| 1990年 | “交杂与聚合” | | | FRACPACA　马赛　法国 |
| 6 月 | 《火祭》四辆囚车、土、木、灭火器、纸 | 154-155 | 227-230 | |
| | “个展” | | | 圣维多山　埃克斯　法国 |
| | 2 x 2 x 2.5 m / 辆 | | | |
| 7 月 | 《升卦》钢筋水泥 124 x 3 x 2 m | 198-199 | 302 | |
| | 《为了昨天的中国明天》 | | | 布也尔　法国 |
| 10 月 | 《倒树》树长12 m　纸浆、铁桌 | 198-199 | 303 | |
| | “工作室” | | | 鲁昂鲁扎　法国 |
| 10月 | 《垃圾场》纸浆、水泥砖、废弃材料 | 82-83 | 99 | |
| | 《垃圾场》草图 | 84-85 | 101-104 | 卡地亚当代艺术基金会　昂鲁塞　法国 |
| | “个展” | | | 阿维依艺术学院　阿维依　法国 |
| | “个展” | | | 卢昂艺术学院　卢昂　法国 |
| | 《大枕头》、纺织纤维 6 x 4.5 x 4 m | 198-199 | 304 | |
| 1991年 | “国际建筑与纺织品的会见” | | | 尼姆　法国 |
| 3月 | 《大转盘》 | 58-59 | 63-65 | |
| | “给安德列·马宁的白卡” | | | 福洛门和彼特曼画廊　巴黎　法国 |

303

302

304

| 年月日 | 作品<br>标题、材料、尺寸<br>文章<br>其它内容 | 页码 | 图码 | 展览名称、地点 |
| --- | --- | --- | --- | --- |
| 5月 | 《我们还要建立一个大教堂吗？》 | 82-83 | 98-99 | |
| | “个展” | 97 | 129 | 芬斯特　法兰克福　德国 |
| | 纸浆、木头、黑白照片 5 x 3 x 2.5 m | | | |
| | 《飞行器》石膏、木头 | 93 | 119-120 | |
| | 《小赌盘》木头 | 60 | 67 | |
| 6月 | 《道路》八车水泥 45 x 3 0x 4 m | 160 | 239 | |
| | “非常口：中国前卫艺术展” | 200-201 | 305 | 福冈　日本 |
| | 《不可阅读的湿性》纸浆、书架 | 86-87 | 106 | |
| | “卡耐基国际三年展” 7.5 x 2.2 x 0.7 m | | | 卡内基美术馆　匹兹堡　美国 |
| | 《重现红十字》展览请柬202-203306 | | | |
| | 《重现红十字》 | 97 | 130-132 | |
| 7月 | 铜、木、纸、布、朱砂、解剖台 | 98-99 | 133-134 | |
| | “个展” | | | 瞬间医院　巴黎 |
| 1992年 | 《飞行器》石膏 | 93 | 119-120 | |
| | 《艺术—包含在现在的分类中的》 | | | |
| 2月 | 《约瑟夫·波伊斯死后给他的第一个电话》 | 80 | 95 | |
| | 电话、纸浆 | | | |
| | 《确定作品价格的小转盘》 | 65 | 62 | |
| | 《占卜者之屋》布、木、铁、水、铜、纸浆 | 59、61 | 66、69 | |
| | “个展” 帐篷 4 x 4 x 2.7 m | 170-171 | 252-256 | 福洛门和彼特曼画廊　巴黎 |
| | 《不可消化之物》米饭 400kg 4 x 4 x 10 m | 156-157 | 231-234 | |
| | “等身大” | | | |
| | | | | 普拉托当代艺术博物馆　意大利 |
| 11月 | “抵抗” | | | 和多利美术馆　东京 |
| 12月 | 《刀梯》刀、铁、木箱、刀梯长25 m | 200-201 | 307 | |
| | 《水缸》陶罐、水 110 x 70 x 70 cm | 160 | 240 | |
| | 《图书馆的公共食堂》木、铁、纸浆 | 86-87 | 107-109 | |
| | “私人通道” | | | 佛内图书馆　巴黎 |
| 1993年 | 水泥搅拌机 12 x 1.6 x 1.3 m | | | |
| | 《中国绘画史》和《现代绘画简史》在洗衣机搅拌两分钟 | 72 | 84 | |
| 1月 | 《九柱戏》纸浆 | 202-203 | 308 | |
| | 《拆下来的九柱戏》纸浆 | 200-201 | 309 | |

305

307

| 年 月 日 | 作品<br>标题、材料、尺寸<br>文章<br>其它内容 | 页码 | 图码 | 展览名称、地点 |
|---|---|---|---|---|
| | “中国前卫艺术展” | | | 柏林世界文化宫　德国 |
| | “约会” | 62-63 | 71 | 根特现代艺术博物馆　比利时 |
| | 《四轮转盘车》模型 | 61 | 70 | |
| | 《椭圆形大厅转盘》木、各类物品 | 200-201 | 311 | |
| | 《人蛇计划》 | 174-175 | 261 | |
| 6月 | 绳网、铁、灯箱 20 x 4 x 7 m | 200-201 | 313 | |
| | “支离的记忆：海外中国前卫艺术家四人展” | | | 韦克斯纳当代艺术中心　俄亥俄　美国 |
| 7月 | 《黄祸》布，木，5只蝎子、笼子 | 138-139 | 196-198 | |
| | “沉默的力量” | | | 牛津现代艺术博物馆　英国 |
| | 1000只蝗虫 10 x 7 x 3.7 m | | | |
| 10月 | “1&108”展览请柬202-203310 | | | 独孤城堡学院　斯图加特　德国 |
| | 《108签 》纸本、照片 | 104-105<br>153<br>116<br>126<br>131<br>148<br>143 | | |
| | 《世界剧场》铁、木、昆虫 | 138<br>158.159 | | |
| | （蜘蛛、蝎子、壁虎、千足虫、蝗虫、蟋蟀、蟾蜍、小蛇等）<br>2.6 x 1.6 x 1.5 m | | | |
| 1994年 | 《通道》铁笼子、狮子粪便、灯箱 | 112-113 | 153-154 | |
| | 肉骨头 4 x 1.2 x 2.5 m / 个 | | | |
| 3月 | “黑暗之心”展览请柬 | | | |
| | 《翻过来的坟墓》钢筑水泥 7 x 6 x 2.7 m | 94-95 | 121-126 | |
| | “黑暗之心” | | | 科伦慕勒美术馆　荷兰 |
| 5月 | 《中国手洗衣店》小册子 | 200-201 | 312 | |
| | 《中国手洗衣店》木、帆布、洗车装置 | 172-173 | 257-260 | 新美术馆　纽约　美国 |
| | 12 x 6 x 4 m | | | |
| | 《科尼街》木、交通灯、信箱、水 | 128-129 | 182 | |
| | 350只龟 12 x 8 x 4 m | | | |
| | “个展” | | | 卡普街计划　旧金山　美国 |
| | 《圣人师蜘蛛而结网I》 | 130 | 183 | |
| | 灯泡、笼子、桌子、纸本、活蜘蛛 | | | |
| | “向马赛.杜尚致敬” | | | 卢昂省立艺术学院　法国 |

308

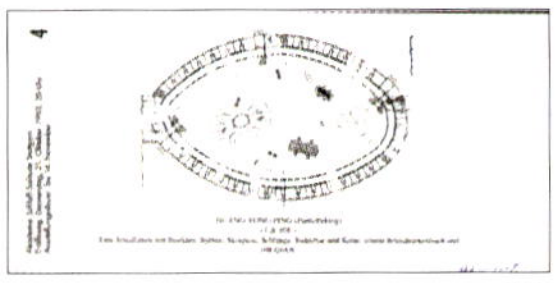
310

313

306

309

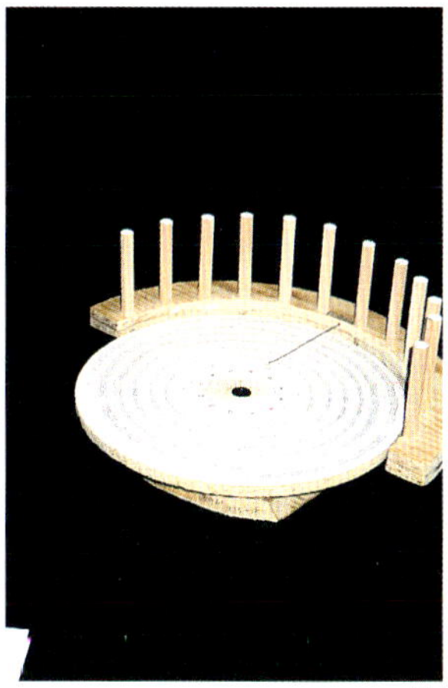
311

312

| 年月日 | 作品<br>标题、材料、尺寸<br>文章<br>其它内容 | 页码 | 图码 | 展览名称、地点 |
|---|---|---|---|---|
| | 《报亭》纸浆、铁、木 2.4x2.6x3.7m | 86 | 105 | |
| | “第五届纸上作品国际双年展” | | | 里欧帕赫许美术馆 杜棱 德国 |
| | 《走出中心？》铁网、麻绳 | 202-203 | 318 | |
| | “远离中心” | | | 波里美术馆 挪威 |
| | 《世界剧场》铁、木、昆虫<br>（蜘蛛、蝎子、壁虎、千足虫、蝗虫、蟋蟀、蟾蜍、小蛇等） | | | |
| | “边界之外-艺术与生活，1952-1994” | | | 蓬皮杜文化中心国立现代艺术博物馆 巴黎 法国 |
| | 动物保护协会抗议蓬皮杜文化中心虐待动物 | 202-203 | 314 | |
| 1995年 | 被禁止展出活的昆虫 | | | |
| | 《特别报导》“第六届费区赫三年展” | 202-203 | 315 | 维也纳现代艺术博物馆 奥地利 |
| | 《药房》葫芦、木、动物、矿物药物 | 101<br>103 | 139<br>141 | |
| | “个展” | | | 福洛门街计划 巴黎 法国 |
| | 自制药丸 6x2.5x 2.5m | | | |
| | 《拖把》 | 117 | 162 | |
| | 《竹佛》风铃、竹条、水 | 176-177 | 262-266 | |
| | “水波” | | | 和多利当代美术馆 东京 日本 |
| 9月 | 《竹佛》草图 | 202-203 | 316 | |
| | 《桥》和《世界剧场》铁、木、蛇、龟、昆虫<br>10.4x3.2x1.8m | 117<br>118-119<br>127 | 161<br>165<br>181 | |
| | “五大洲画廊” | | | 国立非洲和大西洋艺术博物馆 巴黎 法国 |
| | 《报亭》纸浆、铁 | | | |
| 1996年 | “我们的世纪，人像与图像” | | | 路德维希博物馆 科隆 德国 |
| | 《三步九迹》石膏、铁、阿拉伯物品 | 178-179<br>180-181 | 267<br>268-272 | |
| | “个展” | | | 马赛市艺术家工作室 马赛 法国 |
| | 垃圾桶 16x15x4 m | | | |
| | 《终点站》木、笼子、昆虫 | | | |
| | “第一届欧洲双年展” | | | 自然历史博物馆 鹿特丹 荷兰 |
| 10月 | 《给鹿特丹自然历史博物馆馆长的回信》 | | | |
| | 被禁止展出活的昆虫 | | | |
| | 《人蛇计划》绳网、铁、灯箱 | | | |
| | “吸纳/排挤” | | | 来尼屋·格拉兹 奥地利 |
| | 《终点站》 | 202-203 | 319 | |
| | “线条与数字” | | | 贝坦尼亚艺术家之厅 柏林 德国 |

318

314

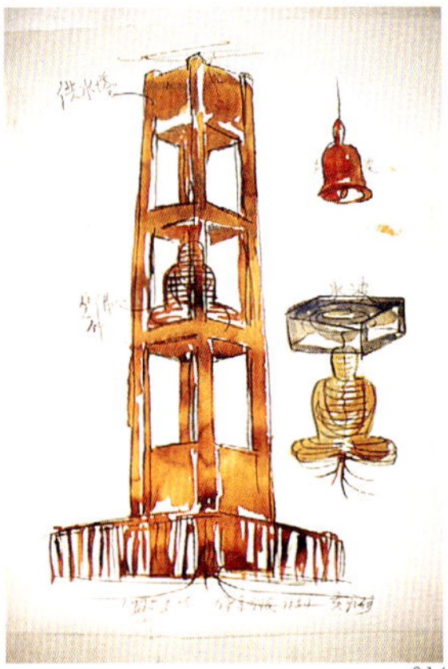
316

320

| 年月日 | 作品<br>标题、材料、尺寸<br>文章<br>其它内容 | 页码 | 图码 | 展览名称、地点 |
|---|---|---|---|---|
| | 《带四个轮子的大转盘》 | | | |
| | "面对历史" | | | 蓬皮杜文化中心国立现代艺术博物馆 巴黎 法国 |
| | 《中国绘画史》和《现代绘画简史》在洗衣机 | | | |
| 1997年 | 中洗两分钟 | | | |
| | 《诊所》 | 106-107 | 145 | |
| | 铜、木、竹、水、纸、笔、方术士 | 202-203 | 320 | |
| 1月 | "心动，亚细亚散步 II" | | | 资生堂画廊 东京 日本 |
| | "巴黎人" | | | 伦敦坎普登艺术中心 英国 |
| | 《大限》各种1997.7.1到期的食品 | 164-165 | 244 | |
| | 玻璃钢、14x6.7x3.7m | | 245 | |
| | 玻璃钢、1.2x1.2x0.8m 369 | | 247 | |
| | | | 248 | |
| | 《大限》 | 165 | 246 | 艺术与公众画廊 日内瓦 |
| | "个展" | | 249 | 瑞士 |
| | 《供桌》 | 193 | 290-291 | |
| | "个展" | | | 贝象画廊 卢森堡 |
| | 《圣人师蜘蛛而结网 II》 | 132 | 185-186 | |
| | 太师椅、铜线、木 | | | |
| | 《草图》 | 133 | 188 | |
| | 《羊祸》竹子、羊皮、牛皮、木 20x12x7m | 114 | 156 | |
| | "个展" | 161 | 241-242 | 卡地来当代艺术基金会 巴黎 法国 |
| | | 162-163 | 243 | |
| | 《蛇皮轿》竹子、蛇皮、帽 3.2x1.8.x.0.6m | 117 | 164 | |
| | | 184 | 278 | |
| | 《千手观音》纤维石膏、铁 9x5x5m | 182-183 | 273-276 | |
| | "明斯特雕塑十年展" | | | 明期特 德国 |
| | 《翻过来的坟墓》、大理石 | | | |
| 8月 | "开放空间的雕塑" | | | 统营市 南韩 |
| | 《我们还要再建立一个大教堂吗？》 | | | |
| | "在限度之间—中国新艺术" | | | 善载美术馆 庆州 韩国 |
| | 《终点站》（局部） | 204-205 | 321 | |
| 7月 | "休战：无尽的艺术回波" | | | 圣塔菲美术馆 圣塔菲 美国 |
| | 《途中》笼子、木、铁、20条蛇 | 184-185 | 277-279 | |
| | "光州双年展" | | | 光州双年展大厅 韩国 |
| | 《大限》 | | | |
| | "约翰内斯堡双年展" | | | 约翰内斯堡 南非 |
| | 《季风》未完成计划 | 186-187 | 280 | |

317

315

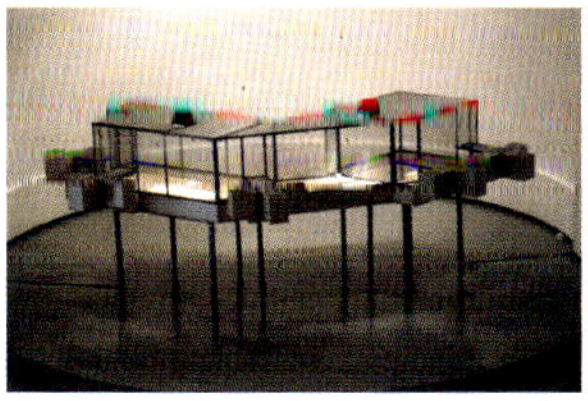
319

| 年月日 | 作品<br>标题、材料、尺寸<br>文章<br>其它内容 | 页码 | 图码 | 展览名称、地点 |
|---|---|---|---|---|
| | 《龟城》水泥 | 126 | 180 | |
| 1998年 | “移动中的城市” | | | 分离派博馆　维也纳　奥地利 |
| | 《药房》 | 102 | 140-142 | |
| | “个展” | | | 杰克提敦画廊　纽约　美国 |
| | 《药》草图 | 96-97 | 127-128、131 | |
| | 《天平秤》 | 166-167 | 250 | |
| 10月 | 木、铁、纸箱、瓷盘 12 x 9 x 3 .2 m | | | |
| | “个展” | | | 德阿普基金会<br>阿姆斯特丹　荷兰 |
| | “终点站” | | | |
| | “黄永砯和徐冰” | | | 精艺轩画廊　温哥华　加拿大 |
| | 《粮仓》草图 | 152 | 223 | |
| | 《粮仓》木、铁、老鼠标本 17 x 6 x 6 m | 153 | 224-225 | |
| | “移动中的城市 II” | | | 当代艺术博物馆　波尔多　法国 |
| | “自然存在” | 204-205 | 323-324 | 卡地亚当代艺术基金会　巴黎 |
| | 《圣人师蜘蛛而结网 III》铜线、20条蜘蛛、 | 133 | 187 | |
| | “雨果包斯奖1998” | | | 古根海姆美术馆　纽约 |
| | 太师椅 16 x 8 x 4 m | | | |
| | 《药房》葫芦、木、动物药物、矿物药物 | 204-203 | 322 | |
| | 自制药丸 | | | |
| | “未完成的历史” | | | 渥克艺术中心<br>明尼亚波尼斯　美国 |
| | 《东站》 | | | 卢森堡当代艺术中心　卢森堡 |
| | 《从东站到西站》油桶、布、栗子、 | 188-189 | 281 | |
| | 超级市场推车 6 x 5 x 5 m | 204-203 | 325 | |
| | 《龟城》 | | | |
| 1999年 | “移动中的城市 III” | | | Ps1　纽约　美国 |
| | 《鹤足鹿迹》 | 101 | | |
| 1月 | 动物标本、铝合金板、松树 | 124-125 | | |
| | “个展” | | | 当代艺术中心　北九州　日本 |
| | 矿物 12 x 12 x 4 m | | | |
| | 《非表达的绘画》（85） | | | |
| | 《六走向小转盘》 | | | 纽约P.S.1 和亚州艺术协会 |
| | “蜕变突破：中国新艺术” | | | 旧金山现代艺术博物馆　美国 |
| | 《药房》 | | | |
| | “未完成的历史” | | | 芝加哥当代艺术博物馆　美国 |
| | 《刀梯》 | | | |
| | “通道” | | | 东京　日本 |

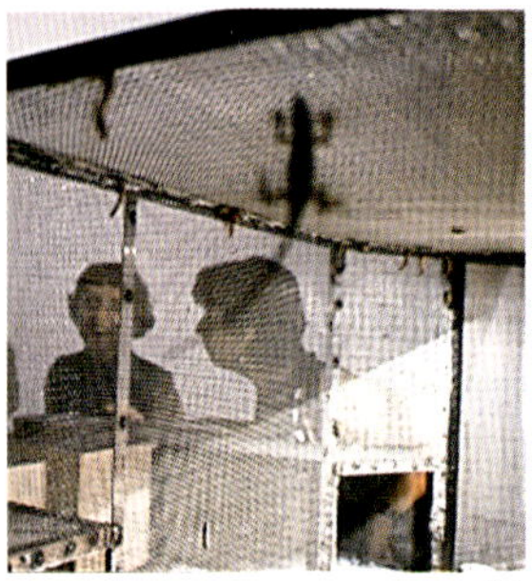
321

323

324

328

| 年月日 | 作品<br>标题、材料、尺寸<br>文章<br>其它内容 | 页码 | 图码 | 展览名称、地点 |
|---|---|---|---|---|
| | 《双塔》未实现计划 | 168-169 | 251 | |
| | 《一人九兽》 | 64 | 74 | |
| 6月 | 铝、木、铜、26x15x3m | 114-115 | 157-159 | |
| | | 122-123 | 171-175 | |
| | “第48届威尼斯双年展” | 145 | 210 | 威尼斯 意大利 |
| | | 204-205 | 328 | |
| | “第48届威尼斯双年展”法国馆展览请柬 | 204-205 | 326 | |
| | 《九头狐》（《一人九兽》局部） | 204-205 | 327 | |
| | 《一个馆给两个人》 | | | |
| | 《天平秤》 | | | |
| | “再现与回忆” | | | 威尼斯 意大利 |
| | 《桥》和《世界剧场》 | | | |
| | “全球艺术中的对话” | | | 路德维希博物馆科隆 德国 |
| | 《蛇头虎尾》动物标本、木 12x12x4m | 150-151 | 218-222 | |
| | “法国新艺术” | | | 东京世田谷美术馆 广岛美术馆<br>名古屋美术馆 北海道美术馆<br>日本 |
| | 《驼背上的计划》5只骆驼、火车站牌 | 140-143 | 202-204 | |
| | “苏丹池塘-以色列国际艺术双年展” | | | 耶路撒冷 以色列 |
| | 《指南车草图》纸本 | 64 | 72、73 | |
| | 《六十甲子车》模型 | 64 | 75 | |
| | 《六十甲子车》铜、木4.2x3x235m | 65 | 77 | |
| | “新纪元” | | | 波恩现代艺术博物馆<br>维也纳现代艺术博物馆 奥地利 |
| | 《六驼峰》 | 143 | 205 | |
| | 《543-622》草图 | 66 | 78 | |
| 3月 | “巴黎秋季艺术节” | | | 圣路易沙培也教堂 巴黎 法国 |
| | 计划未实现 | | | |
| 2000年 | 《太公钓鱼、愿者上钩》展览请柬 | 204-205 | 329 | |
| | 《八角帽》 | 193 | 289 | |
| | | 144 | 206-209 | 杰克提敦画廊 纽约 美国 |
| | 《太公钓鱼、愿者上钩》鱼网、鱼饵、鱼杆、凳子 | 206-207 | 330 | |
| | 《蛇鞋》 | 117 | 163 | |
| | 《1 & 108》黑白照片 | | | |
| | “通道，圣杰明得彼” | | | 中国之家 巴黎 法国 |
| | 《两栖动物》草图 | 108 | 147 | |

322

325

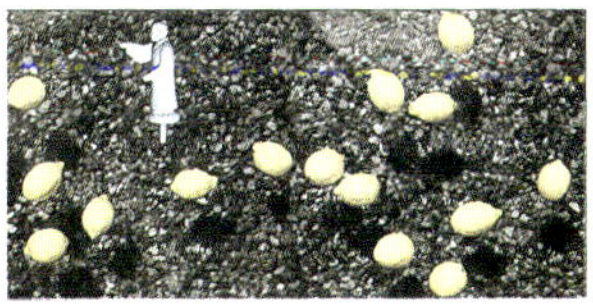

326

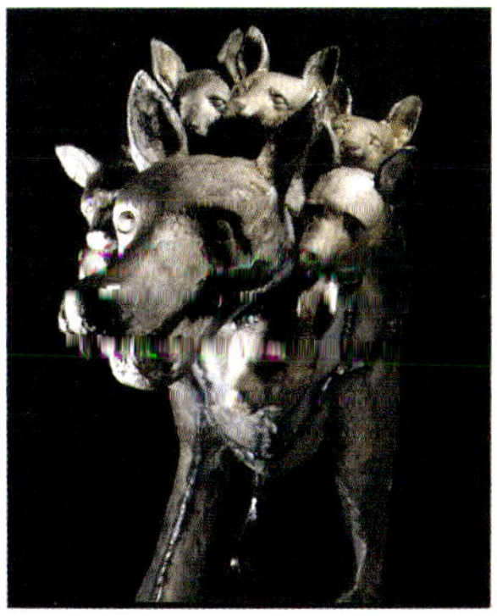

327

329

| 年月日 | 作品<br>标题、材料、尺寸<br>文章<br>其它内容 | 页码 | 图码 | 展览名称、地点 |
|---|---|---|---|---|
| | 《两栖动物》木、铜皮 | 108 | 148-149 | |
| | “角之外” | | | 根特现代艺术博物馆　根特　147 |
| | 《我们还要再建立一个大教堂吗？》 | | | 比利时 |
| | “大陆飘移” | | | 里也尔当代艺术博物馆　比利时 |
| | 《龟脚》水泥 | 126 | 179 | |
| | 《圣米歇尔修道院》草图 | 111 | 152 | |
| 5月 | 《圣米歇尔修道院》瓷砖、绳子、蛇皮 | 110-111 | 150-151 | |
| | “美—法国2000年” | | | 阿维侬教皇大厅　法国 |
| | 10 x 7 x 9 m | | | |
| 6月 | 《蟒蛇计划》木、铁长 42 m | 120-121 | 166-170 | |
| | “三条河” | | | 汉闵顿　德国 |
| | 《药房》 | | | |
| | “非自然的科学” | | | 麻省现代艺术中心　美国 |
| | 《世界地图》 | 100 | 135-136 | |
| 10月 | 铜条、照片、纸 | 190-191 | 283-285 | |
| | “那就是，脑中世界” | 206-207 | 331 | 巴黎市立现代艺术博物馆　法国 |
| | 《胡子最易燃》 | | | |
| 11月 | 《拖美术馆计划》（87） | | | |
| | “原创—全球的观念主义” | | | 波克林皇后美术馆　美国 |
| | 《浮动的书摊》书、铁、木 | 88-89 | 111-113 | |
| | “巴黎作为中转站” | | | 巴黎市立现代美术馆　法国 |
| | 《浮动的书摊》草图 | 88 | 112 | |
| | 《沙的银行或银行的沙》 | 192 | 287 | |
| 11月 | 沙土、水泥 | | | |
| | “上海双年展” | | | 上海市美术馆　中国 |
| 2001年 | 《帽子/灯罩》玻璃钢、铁 | 192 | 286-288 | |
| | 《桥和世界剧场》 | | | |
| | “收藏展” | | | 里昂当代艺术博物馆　法国 |
| | 《脚盆钓》铜、钓鱼杆 | | | |
| | “亚洲制造” | | | 约克大学艺术博物馆　美国 |
| | 《世界地图》、纸本 | | | |
| | “纸上作品展” | | | 四合院画廊　北京 |
| | 《动物分类图》 | 108 | 146 | |
| | 《双饵》玻璃钢、铝合金　8 x 2.5 x 1.5 m | 146-147 | 211 | |
| | “横滨国际当代艺术博物馆三年展” | 206-207 | 332 | 横滨　日本 |
| | 《地球仪和地图》、铜条、纸 | 190 | 282 | |
| | “黄永砯与沈远” | | | 魁北克当代艺术中心　加拿大 |
| | 2.3 x 0.9 x 0.4 m | | | |

330

| 年月日 | 作品<br>标题、材料、尺寸<br>文章<br>其它内容 | 页码 | 图码 | 展览名称、地点 |
|---|---|---|---|---|
| 11月 | 《蝙蝠计划》、铁 20 m | 134-137 | 190-193 | |
| | "被移植的现场:深圳第四届雕塑展" | 206-207 | 333 | 深圳 生态广场　中国 |
| 11月15日 | 被告知作品不宜展出。 | | | |
| 11月30日 | 提出"4＋1"方案 | | | |
| 12月11日 | 作品从展览中撤除 | | | |
| 2002年 | 《蝙蝠计划》草图 | 134 | 189 | |
| 1月 | 《嗡嘛呢叭𠺗吽》展览请柬 | 206-207 | 334 | |
| | "个展" | | | 巴巴格拉斯顿画廊　纽约 |
| | 《543 - 622》模型、木头、摇经筒 | | | |
| | 阿拉伯地毯 | | | |
| | 《嗡嘛呢叭　吽》摇经筒、 | 68-69 | 80-81 | |
| | 铜3.4 x 2.16 x 2.16 m | | | |
| | 木柄直径0.45 m，长 6 m | 118-119 | | |
| | 《长卷》纸本、13.5 x 0.3m | 70-71 | 82 | |
| | 《双卷风》香熏、纸本 4 x 1 x 1 m | 67 | 79 | |
| 3月 | 《飞碗》（与沈远合作） | 194-195 | 291-294 | |
| | "第二十五届圣保罗双年展" | | | 圣保罗　巴西 |
| | 《2002年6月11日乔治五世的恶梦》制作吊装 | | | |
| | 《2002年6月11日乔治五世的恶梦》草图 | 149 | 217 | |
| | 《2002年6月11日乔治五世的恶梦》 | 148-149 | 214-216 | |
| | 相关照片 | 206-207 | 335 | |

334

331

333

335

主　　编：范迪安
副 主 编：施　群　李豫闽
编　　委：（按姓氏笔画为序）
　　　　　王明贤　孙志纯　张怀林　吴美纯　宋建明
　　　　　李豫闽　范迪安　施　群　高士明

责任编辑：张怀林
整体设计：沈　也
封面设计：沈　也　刘晓岳
摄　　影：范　厉　矮　健

图书在版编目（CIP）数据
黄永砯/吴美纯编.－福州：福建美术出版社，2002.12
（当代艺术与本土文化）
ISBN 7-5393-1108-8

Ⅰ.黄… Ⅱ.吴… Ⅲ.艺术－作品综合集－中国－现代 Ⅳ.J121

中国版本图书馆 CIP 数据核字（2002）第 038705 号

# 当代艺术与本土文化·黄永砯

吴 美 纯　编
出版发行：福建美术出版社
　　　　　（福州东水路 76 号）
制版印刷：福建彩色印刷有限公司
开本：889×1194mm　1/16
印张：13 印张
版次：2003 年 2 月第 1 版第 1 次印刷
印数：0001-3000
书号：ISBN 7-5393-1108-8/J·1085
定价：128.00 元